Modelo pueblo

Modelo pueblo
Tomo 1

Flor del Campo

www.librosenred.com

Dirección General: Marcelo Perazolo
Diseño de cubierta: Daniela Ferrán
Diagramación de interiores: Flavia Dolce

Está prohibida la reproducción total o parcial de este libro, su tratamiento informático, la transmisión de cualquier forma o de cualquier medio, ya sea electrónico, mecánico, por fotocopia, registro u otros métodos, sin el permiso previo escrito de los titulares del Copyright.

Primera edición en español e inglés - Impresión bajo demanda

© LibrosEnRed, 2014
Una marca registrada de Amertown International S.A.

ISBN: 978-1-62915-145-8

Para encargar más copias de este libro o conocer otros libros de esta colección visite www.librosenred.com

Este libro va dirigido a todos los míos: a los ricos porque yo sé que por causas nobles siempre los puedes convencer de que participen, a los de en-medio porque son las columnas que nos sostienen, a los pobres porque son los más beneficiados. Porque espero despertar en ellos el espíritu combatiente por sus derechos pero que sepan que éstos traen pegadas etiquetas con obligaciones; porque quisiera que entendieran que la pobreza se lleva con dignidad y entonces creces… Porque a TODOS nos conviene que ellos estén mejor porque **todos estaremos mejor**.

Acerca del contenido

FAMILIA	....	empatía
RELIGIÓN	....	cada día debes fijarte en algo hermoso
MUJER	....	lúcete
HOMBRE	....	ecuánime
NIÑO	....	sonríe
ADOLESCENTE	....	sonríe más y más
ANCIANO	....	disfruta
INDIO	....	crécete
JUSTICIA	....	mejora
POLÍTICA	....	menos
ESTADOS UNIDOS	....	respeto, no intervención
RESTO DEL MUNDO	....	comparte
ECONOMÍA	....	entiende
DINERO	....	justo valor
EDUCACIÓN	....	nutre
TRABAJO	....	nobleza
SOCIEDAD	....	una sola con muchas diferentes
FUTURO	....	resultado del presente
MODELO PUEBLO	....	fortaleza

Flor del Campo

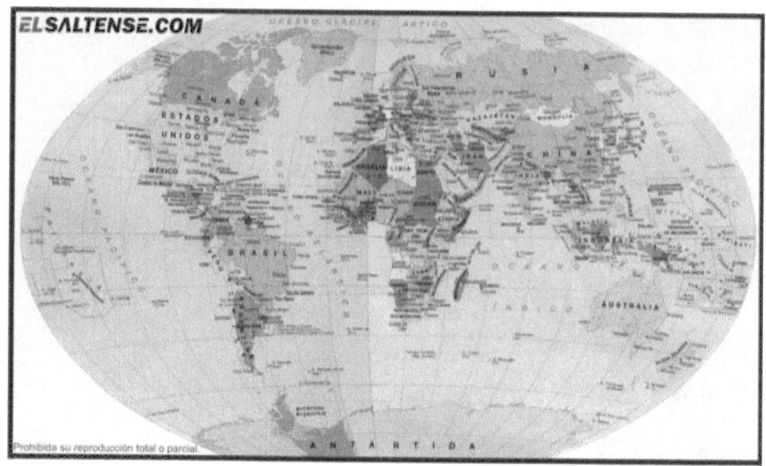

Prólogo

Máximas:

1. BOSQUE: **No mires solamente el árbol, mira el bosque completo**[1].
2. ERGUIDO: **Vive erguido en alma, mente y cuerpo**[2].
3. SONRÍE: **Cuida tu perfecta sonrisa**[3].

---

1   Cuántas veces perdemos el enfoque de las cosas, de modo que terminamos viendo no lo que debiéramos ver, sino lo que nos dejan ver o bien lo que quieren que veamos. "Discernir" es una de mis palabras favoritas. El diccionario la define como: "Distinguir y diferenciar por medio de los sentidos o de la inteligencia una cosa de otra u otras, especialmente el bien del mal"… Cuando damos a las cosas el justo valor que tienen y a los actos el verdadero significado, sencillamente podemos con ello tomar mejores opciones.

2   Es importante que vivas erguido en todas dimensiones. Busca en Internet ejercicios para la parte física, que te fortalecen los músculos alrededor de la columna y más, de modo que no podrás sino estar erguido y ¡te verás *muuuy* bien! Alrededor del mundo existe gente, y no es poca, que cuando alguien menciona "mexicanos" piensa en la imagen del indio sentado en cuclillas como agachado, así que dime tú porque te los anoto (¿?)…

3   De niña jamás tuve educación dentífrica y por ello no fue sino hasta mis trece que entendí que la limpieza anual (si no eres fumador) es bien importante. Si acudes a una limpieza anual (100 pesos mínimo), amén de que te van a quitar toda esa mugre que almacenaste por cepillado incorrecto, te van a detectar tempranamente alguna picadura que pudieras tener, que por ser pequeña hace que te cueste más barato el trabajo ($150) y más importante aún, *OJO: no te va a doler*. Si acudes cuando ya

4. RECUERDA: **Aprende historia-al-día-de-hoy para que tengas memoria**[4].
5. SENTIDO COMÚN: **Di "no" a la rutina y siempre toma el camino que tiene menos complicaciones**[5].

---

está muy picada la pieza, te va a costar más caro ($600) y te va a doler el piquete de la anestesia. Si lo haces cuando ya no aguantas el dolor, el costo aumenta ($1500), porque tendrán que ponerte un *jacket*. Si ya acudes cuando no hay pieza será aún más caro ($3000), pues tendrán que hacerte un puente para sujetar la pieza que no tienes con la que sí tienes. Para esto te rebajarán la pieza buena, y esta con el paso de algunos años se deteriorará y quizá termines sacrificando otra pieza buena para sostener los no tan buenos ($5000). Etcétera. Sin embargo, el costo económico no es nada comparado con los efectos colaterales: sonrisa deteriorada, problemas faciales y de expresión, timidez al comunicarte con los demás, erróneos sonidos al producir palabras, problemas al masticar, problemas para digerir la comida, mayor trabajo para los intestinos, mal aliento, problemas respiratorios, etc. ¿Sabías que nuestros prehispánicos tenían dentaduras perfectas? Lava tus dientes tres veces al día, sin pretextos. Recuerda que están la UNAM y el Politécnico si buscas precio moderado, muy módico... una de las mejores cosas que tenemos los mexicanos es que somos alegres, pues entonces que sea con sonrisas bellas.

    4   El conocimiento en todas sus áreas es importante y el conocimiento de la historia nos deja ver más allá de toda frontera. Te cito un ejemplo. Por 1989, en la víspera del derribamiento del muro de Berlín, ya para ese momento mucha *gente importante* había intercedido para que ocurriera: M. Gorbachov con su Perestroika tenía delineado abrir Rusia al mundo, pues para entonces ya se habían dado cuenta de que el comunismo en el largo plazo mata la moral de un pueblo. Gorbachov sabía que necesitarían dinero en millones para tener una economía sólida. Por otro lado, Alemania occidental abrazaba la idea de poder reunir a su lado oriental...Hoy en día en *Historic Channel* pasan un comercial en el que, entre otros, se ve a Ronald Reagan diciendo "M. Gorbachov, derrumbe ese muro (de Berlín)", y entonces se ve el muro derrumbándose. Tú podrías pensar "Guau, este señor Reagan ¡sí que es poderoso y hace mucho bien!". Ojo: Alemania pagó millones a Rusia para recuperar su otra mitad.

    5   He aprendido que el estar en movimiento, conocer lugares, aprender nuevas cosas, tener las puertas y las ventanas de mi alma abiertas para poder percibir nuevos alicientes y regocijarme de mi existencia

6. UNIÓN: **Somos UN sólo país, integrado por muchas sociedades que necesitan aplicar el *efecto muégano*[6].**
7. DEMOCRACIA: **Democracia = hacer lo que la mayoría quiere + hacer una vez lo que tú quieres y otra vez lo que yo quiero[7].**

---

me han ayudado a vivir tranquila. Algo así como estar en buenos términos conmigo misma. Pero también he descubierto que cuando escojo el camino con más piedras, termino con dolor de pies.

6   Una de las enormes fortalezas de los Estados Unidos es el tamaño de su territorio y de su población (casi trescientos millones). Simples economías de escala: a mayor producción, menor costo, mayor riqueza. Aun no entiendo cómo, pero me entero de que Belice ahora es "protectorado inglés" (¿?), Puerto Rico no hace mucho se convirtió en una estrella más de la bandera estadounidense, China a pesar de ser extremadamente grande en cuanto a territorio ha tomado posesión del Tíbet (que es un pequeño país budista que bien podría significar la Roma para Asia. Es una pena que los chinos no respeten la autonomía del Tíbet, como también es una pena que nadie interfiera). Israel batalló para sostener su territorio, lo que logró con ayuda de los estadounidenses-Naciones Unidas. A juzgar por los eventos recientes, pareciera que al mundo árabe le está siendo difícil sostener la estabilización en su zona para conservar su autonomía, China apenas hace pocos años recuperó Hong Kong, tras casi cien años de administración inglesa, Corea del Sur lucha cada día diplomáticamente para poder reunirse con Corea del Norte... ¿Y nosotros los mexicanos?...Nosotros seguimos con grupos subversivos, queriendo dividir al país. ¿Por qué? ¿Será porque tenemos un buen suelo con buen clima en general?, ¿porque aún tenemos petróleo?, ¿porque miramos a dos océanos?, ¿porque tenemos un territorio tan grande como la suma de seis países europeos (España + Francia + Italia + Alemania Occidental + Bélgica + Austria)?

7   Los griegos inventaron la democracia hace más de cinco mil años y encontraron en ella una forma de tener paz entre los individuos... Un ejemplo contemporáneo: cerca de mi casa hay una calle de, digamos, 900 m de largo. En general, existen solo casas o bien conjuntos de algunas casas (de 6-20). La calle es de doble sentido, y caben bien tres carros circulando al mismo tiempo. Todo estaría muy bien si no fuera porque... ¿qué crees? Existen dos escuelas bastante grandes, y esto crea cierto caos

Llevo pensando en escribirte, ¿qué te digo?, ¿35 años?, quizá más que eso. Cada vez que decidía hacerlo, venían a mi mente las ideas recurrentes de para qué lo hacía, si tal vez "ni me *pelarías*", quizá te reirías de mí, o me encontraras ridícula, o no te interesara lo que diga...

Hola, ¿cómo estás?... Esta idea de escribir para los míos ha sido una constante en mi vida. Quizá como resultado de que es la única manera en que yo veo factible, a mi alcance, de hacer una transformación que nos beneficie A TODOS... Claro que la idea *per se* de escribir tiene apenas entre doce y quince años. Antes mi propósito era ver la manera de acercarme a ti, hablarte de la realidad nuestra, convencerte de que podemos, si queremos lograr un cambio... Pero cada vez que imaginaba mis acciones, llegaba a un callejón sin salida donde tú no me hacías caso, o bien te interesabas, pero no creías que fuera posible un cambio, es decir, te conformabas con lo que tenías porque era seguro y lo que conocías... Por supuesto, muy al principio, pasé por la etapa del sueño perfecto, en el que tú me hacías caso, me escuchabas, lográbamos hacer

---

de lunes a viernes, y para acabarla de amolar los vecinos y las escuelas se estacionan en ambos lados de la calle (¡!). Sinceramente se vuelve intransitable. Por esta situación han existido serios problemas entre sus moradores. Unos quieren que se quiten las escuelas. Otros quieren que la calle se vuelva de un sólo sentido. Otros quieren que se declare prohibido estacionar... Otros quieren volverse locos... todos votan diferente. El último acuerdo al que llegaron se dio en dos sentidos. Por un lado, decidieron que la calle debía ser de un sólo sentido en horas pico. Y por otro, que el estacionamiento a la banqueta sólo sería de un lado. Hoy el lío es que no todos respetan el horario del sentido de la calle, y no todos respetan el no estacionarse de un lado de la banqueta, argumentan que es su derecho de banqueta estacionarse en su banqueta. Yo digo: ¿no sería una buena solución que se multara a quien no respeta el horario?, ¿o bien que pusieran una pluma para limitar el acceso y que el derecho de banqueta lo alternaran, digamos, cada seis meses, de modo que todos gozaran de estacionar sus carros de su lado al menos por temporadas?

un cambio, y entonces yo quedaba como la gran heroína. Ya sabes, los *sueños guajiros* de una adolescente.

Lo que sí sé es que desde entonces siempre he tenido en mente hacer algo… Ya sé que el ex presidente Fox puso de moda el "señores y señoras, niños y niñas…", pero yo por cuestiones prácticas usaré sólo el género masculino (salvo cuando no sea pertinente). Por cierto, creo que deberíamos utilizar el género mixto, quizá en el artículo (algo así como "les" señores, como lo tienen los franceses). Ah, y otra cosa. Por favor, disculpa "lo igualada" al no usar "Sr./Sra." antes del nombre de personalidades, pero tú y yo sabemos que en plática entre amigos así lo hacemos.

Siempre he creído en la libertad para discernir sabiendo que tú y yo tenemos diferentes puntos de vista, pero también es cierto que siempre he creído que el mundo puede ser mejor si tú y yo participamos. Debo decirte que tal vez nunca logremos nada. Tal vez me *tope* con gente que no quiera un cambio, con gente a la que el cambio no le convenga. Que no tenga sueños más allá de los propios. Pero aun así, yo voy a hacer todo lo posible para que este libro no quede en "letra muerta". Conforme vayas leyendo sus páginas, solo te pido que medites, que te convenzas de que es posible. Recuerda, sólo hacemos falta tú y yo para lograrlo… y yo ya estoy incluida… Durante muchos años pensé, medité, casi me atormenté reflexionando acerca de los problemas existentes…: el hambre, la pobreza, la injusticia…, el abuso, el derroche, el dispendio…, la indiferencia.

Siempre he sido una soñadora, y por ello siempre he buscado soluciones. Me enfada, como a ti, que las cosas no marchen como debieran… Mi memoria me lleva en este momento a cuando tenía yo 13 años. Escuchaba a los adultos hablar de la corrupción, el desempleo, el empleo mal pagado, los malos políticos, etc. Recuerdo que solía entonces pensar que las cosas tenían remedio, que cambiarían seguramente para bien y que nuestra sociedad pronto estaría mejor. Entonces, conforme pasaron los años, yo noté que los cambios no venían y seguía viendo lo mismo de lo mismo. Yo solía entonces, como hoy, jugar a un ajedrez mental en el que las piezas eran todos los males que nos aquejan, y mover las piezas significaba ver si había un mejor acomodo, y siempre encontré algo mejor. Pero claro, era solo yo moviendo las piezas.

Tengo muy fresco en mi mente el día que leí mi primer libro voluntariamente: *Papillon*. ¡Ah! ¡Cómo me gustó! Cuando tenía como veinte años ya era yo una amante de la lectura. En esas andaba, cuando un día me topé con un libro que me marcaría: *El hombre del traje gris*. Esta es la historia de un estadounidense ex combatiente de la Segunda Guerra Mundial. Sucede que cuando regresa a casa tras ser herido en combate, vuelve a su vida tal como él la había dejado, pero él ya no es el mismo. Ahora es un hombre amargado, sin ambiciones ni sueños. No recuerdo si ya está casado o regresa y se casa. Pero bueno, eventualmente se casa, tiene hijos, una casa con hipoteca, y un empleo como cualquier hijo de vecino. Pareciera que él vive su vida conforme con lo que tiene, pero el pobre *tío* vive atormentado por lo que vivió durante la guerra... "Ahí va una nonada"... esta es la mitad de la frase inventada por él desde esos días de guerra y que le viene a la mente cada vez que tiene que enfrentarse con algo que le da miedo, que lo atormenta, que lo paraliza. Pero sabiendo que debe enfrentarlo, su mente trabaja y le dice: "Ahí va una nonada...será interesante ver lo que pasa". Aunque no lo creas, esta es la frase que me ha traído hasta aquí. Así que, ¿por qué no? Formemos entonces tú y yo el MODELO PUEBLO.

1. Familia

Uno de los múltiples variados aciertos nuestros es el concepto que manejamos de la familia. No somos muy de abrazo y beso, pero cuando a uno de la casa le duele, a mí me duele. Si uno no tiene trabajo, aquí se lo cobija mientras. Si a uno le pasa algo, ahí va toda la raza *pa'* ver cómo está. También es cierto, sin embargo, que 'gracias' a esta unión (que a veces muestra más del efecto muégano) hemos aguantado tantos malos gobiernos, tanto robo, tanta podredumbre. Pero como sea, la familia ha sido el sostén real de este país, y yo sinceramente me siento orgullosa de que así sea. Me gusta saber que, pase lo pase, hay ciertas personas en el mundo que están para mí, y yo para ellas.

Me queda claro que no todas las familias están integradas. Pero ¿cuál lo está realmente?...Ten en cuenta que puedes escoger a tus amistades, pero tus familiares se te dieron porque sí, y nada más. Luego, ten en cuenta que siempre hay integrantes fuertes, medio fuertes, débiles y muy débiles en una familia. También esto pasa con la inteligencia y las aptitudes. ¿Y qué me dices del carácter?... ¡Guau! Es que algunos en casa tienen un carácter de la fregada, mientras que otros tienen un sentido de la responsabilidad que ni te digo. Los que siempre quedan en medio son los que toleran, de esto no me cabe la menor duda. Luego están los que dominan, los que la riegan, los que abusan... Bueno, si no sabré yo de estos líos, que vengo de una familia disfuncional... A pesar de todo, dime: ¿no te dice algo que en las Olimpíadas de Minusválidos nuestro país saque siempre un *chorro* de medallas?... Algo que me parece sano es que la familia tenga actividades comunes al menos de vez en cuando... y que estas no incluyan ver la televisión o ir de compras. Es la convivencia lo que nos vuelve cohesivos. Sobre todo cuando esta se da como unión de voluntades.

Hablar de familia en este país es mencionar también la comida, las tradiciones, la fiesta, el buen humor. Yo siempre digo que cómo no vamos a tener buen humor los mexicanos si tenemos una comida deliciosa (para mí, la mejor del mundo) y un clima maravilloso (sin la nieve de meses de algunos lugares, como en los Estados Unidos, o sin los tornados de otras zona, el invierno de medio año de Escandinavia, el calor con su desierto en Arabia, los vientos siberianos de Corea, las lluvias torrenciales de África, Filipinas y otros, el frío helado de Rusia, etc.). Date cuenta de que es también gracias a este clima que no tenemos la pobreza que tienen algunos países, como sucede en África continental, o en Bangladesh. Yo creo que por eso nos encanta la fiesta. ¡Qué afortunados somos, caray!... Un día, hablando con alguien a quien quise mucho acerca de lo afortunados que eran los europeos porque tenían mucho valle, o sea terrenos planos, y que con ello se abarataba el costo al construir vías para trenes, cuando a nosotros nos resulta muy caro por tanta montaña que tenemos, esta persona me decía "pero es que, imagínate, gracias a la sierra madre nosotros tenemos un buen suelo fértil, porque resulta que nosotros estamos a la misma latitud que Arabia, o sea que quizás seríamos sólo desierto si no fuera por la sierra madre(¡!)".

Qué necesitamos:

- Un parque arbolado cada cinco o diez manzanas, otro con canchas, juegos y biblioteca, con clases de manualidades y otras actividades, o bien mixtos en zonas

pobres, y un parque cada veinte o treinta manzanas en zonas medias.
- Que el domingo sea un día de descanso para todos (con sus excepciones).
- Beneficiar a nuestros discapacitados.

2. Religión

Dicen que para llevar buenas relaciones con el vecino, no hay como evitar los temas de la política, del sexo y de la religión, y yo también lo creo así. Pienso que cada quien es libre de practicar la religión que mejor le vaya dada su forma de pensar y sus valores. Creo también que al final del día, no es importante qué tipo de religión uno profese, sino la fe que uno tenga. Por eso, quiero con el alma al papa Juan Pablo II. Él, entre las muchas cosas que logró, reunió a todas las cabezas de iglesia del mundo para crear lazos verdaderos de amistad.

Claro, ahora debes estar pensando "Esta *vieja* ya me está vendiendo su religión, y creo que es más mocha que mi tía"... Es cierto que soy católica, pero estoy *muuuy* lejos de ser mocha. Además, debo confesarte que soy católica porque al igual que muchas personas, mis padres lo son y simplemente me lo inculcaron.

Hubo un tiempo en que viví sin fe porque cuestioné y renegué de la religión de mis padres. Por diversas circunstancias sucedió que un día tuve necesidad de acercarme a Dios... y así retomé lo que ya conocía. No porque sea lo mejor, ni porque no me quepan dudas o esté de acuerdo ciegamente con sus estatutos. Sino porque es lo que conozco, me siento segura, y porque necesito abrazarme a Dios y agradecerle por lo que tengo y llorar por mis penurias... Pero tú, tú abraza la religión que quieras, *sólo hazlo*. Eso sí, **sin fanatismo,** como hacen, hasta donde yo entiendo, algunas. Mira a tu alrededor y ve pueblos como el judío y el palestino. Viven peleando por años y años, mueren inocentes todos los días, y no hay quién los pare. Mira a Mr. W Bush diciendo "esto es una guerra santa" después del 11 de septiembre. Todo el mundo sabe que él es mocho, y dime tú, ¿qué son los musulmanes del Talibán?

Por favor, si tu religión te impide participar en cuestiones políticas, recuerda que en este libro ese **no es el tema**.

Sé bien que hay al menos dos temas controversiales:

- ¿Cómo evitar la mera posibilidad de que algún sacerdote moleste a menores? Aquí lo menos que puedo decir es que los niños nunca deberían andar solos, ni en la calle, ni en la iglesia, ni en la escuela; y en el caso de la Iglesia, esto se debe establecer por reglamento interno, de modo que los niños siempre deban andar en pares y jamás deambular solos.
- ¿Debe permitirse el matrimonio a sacerdotes?... Y hasta aquí llego.

Recuerda que los siete pecados capitales son: AVARICIA, CODICIA, ENVIDIA, GULA, IRA, LUJURIA, PEREZA, así que evítalos.

3. Mujer

Aquí tengo *muuucho* que decir. Somos tan importantes, fundamentales, preciosas, esmeradas, trabajadoras (casi todas), tenaces, coquetas, y tenemos tanta verborragia, entre otras cosas, que me llevaría mucho describir nuestros atributos. Pero también somos tremendas y, a veces, malas personas. Ahora que digo "malas personas" he llegado a la conclusión de que uno no es bueno ni malo todo el tiempo, lo que sucede es que existen acciones que por su peso y su importancia nos llegan a definir como tales, así que mucho cuidado, porque resulta que una sola acción te puede fregar parte de tu vida.

Por supuesto, tú decides cómo vives tu existencia, pero hay algo que sí no tolero, y es a las malas madres. Si tú eres una, ya no te engañes. Siempre hay salida. Es mejor que regales a tus hijos a que les hagas daño. Lo mismo va para ti si estás embarazada. Pero, por Dios, no seas tan cobarde de dejarlos abandonados en la calle a su suerte... Existen muchas instituciones que te los reciben sin más ni más... Y por lo que más quieras, si es que hay algo o alguien a quien quieras con el alma, lo que dudo, no pongas a tus hijos a trabajar en la calle, porque les estás fregando su futuro y matando su autoestima. ¿Tú sabes lo que es eso?

Aprende esto: la parte más importante de una persona es su niñez, o sea la etapa que se extiende entre el nacimiento y los 12 o los 15 años. Es cuando más perceptivo se es, cuando más se aprende, cuando uno se forma como individuo. ¿Me escuchaste, mujer? Y no pongas de pretexto a tu marido, o a tu madre, o a tu... NO HAY PRETEXTO. Existen muchas instituciones dispuestas a ayudarte (asociaciones diversas, públicas y privadas, Neuróticos Anónimos, etc.), sólo es cosa de que quieras acudir a cualquiera de ellas... De las madres solteras solo puedo decir que sean inteligentes y planeen cómo ser padre y madre a la vez... Digan lo que digan, yo estoy convencida de que es la madre principalmente quien forma a sus hijos. ¿Quién crees que causa el machismo?... Otra cosa que tenemos nosotras las mujeres es que nos encanta el chantaje...

En estos tiempos modernos, los roles tradicionales de hombre y mujer han cambiado. Antes el hombre era el proveedor, y la mujer era la que llevaba la casa. Ambos nos acostumbramos a ello. Hoy al ser diferente se ha creado un "desajuste", y a muchos les cuesta trabajo entender que las cosas ya no son como antes. Los hombres se quejan de que las mujeres somos independientes porque somos *más leídas y escribidas* que antes, que somos medio mandonas, medio contestonas, etc. Ellos estaban acostumbrados a tener mujeres sumisas, abnegadas, cursis, dependientes, obedientes, pero qué decir de los hombres. Nosotras las mujeres estábamos habituadas a que el hombre nos protegiera en todos sentidos, confiábamos en su juicio a la hora de las decisiones cruciales.

Al respecto no tengo que decir sino que lo mejor es que ambos sean honestos. Ya no vale que la mujer actúe dócilmente para después sacar las uñas. Todo un rollo, ¿no?... Por esto yo digo que son las mujeres quienes más tienen que preparase (aunque ambos, hombres y mujeres, deben hacerlo). Estudiar una carrera, la que sea, pero tener un logro de esta naturaleza. No solo por lo que aprendan técnicamente hablando, sino porque en el proceso crecen como individuos (aquí resulta pertinente recordar que las mujeres maduramos más pronto); además, se valoran mejor, su autoestima crece, sus expectativas en la vida y el cómo ven su entorno global cambian, se vuelven capaces de discernir a la hora de tomar decisiones, son más independientes, etcétera.

En el caso de las mujeres, no importa si luego de terminar una carrera se casan y sus nuevas expectativas comprenden no tomar un trabajo formal; aquí te digo por qué: es la mujer quien está más en contacto con sus hijos. Así que mientras mejor ella esté preparada, mejor podrá guiarlos...

Afortunadamente, por cierto, nuestra sociedad está cambiando, y la tendencia es que el padre cada vez participa más en la educación de los hijos. Esto se debe al factor dinero. Es cada vez más difícil que alcance con un solo sueldo para mantener el hogar, y entonces lo más natural es que la mujer tome un trabajo. Esta situación presenta dos beneficios a simple vista: uno es que con ambos sueldos la familia puede darse otros beneficios y algunos gustos extras, y el otro es que la mujer puede desarrollar una profesión, lo cual le brinda satisfacción. Mira lo que hacen los escandinavos: según entiendo, en estos países los jóvenes tienen asegurado un empleo al terminar una carrera. Por supuesto, qué tanto se desarrollen depende sólo de cada individuo. Entonces, cuando se trata de maternidad, la mujer tiene derecho a 6 meses de incapacidad que puede cambiar con su marido. Esto es, el hombre puede tomar parte de la incapacidad para hacerse cargo del bebe. Además, esta incapacidad puede extenderse hasta por 3 años, y su puesto seguirá esperando por él/ella. Es sencillamente adorable ver a estas familias jóvenes tan relajadas. Créeme cuando te digo que duele ver tanto bienestar ahí, tú dime por qué (?).

He estado pensando mucho en la psique femenina. Somos bien complejas.

Somos románticas, pero ambiciosas; pacientes, pero tercas; trabajadoras, pero conchudas. En general, el matrimonio es bien importante para nosotras, pero queremos ser independientes y libres. Muchas de nosotras agarramos la comida como excusa de la vida: si estamos tristes, comemos; si nos enojamos, comemos, y luego la bronca es bajar esos kilos, amén de que nos llenamos de estrías y de que la piel se nos va haciendo flácida-flácida, y además, cada vez que engordas, tu cuerpo se deforma. Así que cuando luego te pones a régimen y pierdes esos kilos, no los pierdes donde tú quisieras. Un psicólogo te diría que tu aspecto físico y mental dice cuánto te quieres. Por supuesto, aquí excluyo aquellas mujeres que tienen problemas de salud.

Desengáñate, mujer: nos vemos mucho mejor delgadas, y los hombres nos prefieren delgadas y siempre bien arregladas (por cierto), y la única manera de bajar de peso *permanentemente* es siguiendo un régimen alimenticio bajo en grasas, azúcares y carbohidratos y haciendo ejercicio. Basta con que dejes de consumir 250-300 de las 2000 calorías del día (esto es un promedio, pero revisa los valores según tu edad) y hagas ejercicio por, digamos, una hora. Puedes hacerlo en una, dos o más sesiones durante el día, o si quieres viendo televisión, pero mejor si vas al gimnasio para perder grasa, tonificar tu cuerpo y mejorar el corazón con ejercicio aeróbico, aparatos y caminadora o algo similar. Con esto bajarás hasta medio kilo por semana... será lento, pero sin daño en todo sentido. ¡Borra de tu mente la palabra "dieta" y come de todo, pero con medida! No confíes en las soluciones mágicas porque a la larga los únicos beneficiados son los dueños de los negocios que te venden esos productos, quienes generalmente acaban millonarios. ¿Y tú?: rebote y rebote. Entiendo que hay otros que funcionan (a mí no me sirvieron), pero te cuesta un frasco cerca de ¡mil pesos! Y sólo te dura un mes... Existen personas con mentes de avanzada, que consumen a diario alrededor de cien calorías menos entre semana para así darse sus gustos el fin de semana. Recuerda aquello de "desayuna como rey (bajo en grasas y azúcares), come como príncipe y cena como mendigo", esto sí a mí me ha funcionado... Y una última cosa en este aspecto: señora: la manera en que tú vives es la misma que tus hijos siguen… Mira todo el perjuicio que trae a tu organismo el sobrepeso: problemas de corazón, renales, digestivos, circulatorios, de diabetes, etcétera.

Algunos consejos para ti:

- Sé honesta contigo misma ante todas las cosas, circunstancias y personas.
- Cuida tu aspecto y tu imagen.
- Nunca humilles a un hombre y menos si es tu marido, pareja, hermano, padre. Y viceversa.
- Nutre tu mente durante toda tu vida sin pretextos.
- Si te sabes con problemas, busca ayuda.

Qué necesitamos:

- Educarnos.
- Amarnos.
- Protegernos.

4. Hombre

No sé qué sería de nosotras las mujeres sin los hombres (y viceversa). Por algo Dios nos puso en el mismo camino; aparte de ser tan diferentes, somos complementarios uno del otro. ¿Qué me gusta más de los hombres? Mmmmmm… Cómo hablan y el tono de su voz, cómo se mueven, me encanta que se ocupen de su imagen, que siempre lleven los zapatos limpios, me cautiva un hombre que se esmera por ser buen padre, en fin, son tantas cosas…

Creo que todo el mundo debería leer *Las mujeres son de Marte, y los hombres de Venus* en pro de un mejor entendimiento de ambos; y las mujeres deberían leer *Las mujeres que aman demasiado*. Ambos deberían estar en las bibliotecas. Pero hay algo que ya me preocupa: cada día veo más hombres gordos, panzones, amargados, conformes, pero tirando al *valemadrismo*-casi-como-derrotados. Sinceramente, creo que les ha pesado mucho la emancipación de la mujer, la falta de empleos y, además, el hecho de que ahora compiten con mujeres por puestos de trabajo; ya no somos tan dependientes como solíamos ser, y eso hace que ellos hayan perdido su "rol" tradicional.

Muchos hombres no saben ahora cómo presentarse ante una mujer, se cohíben, hay un poco de temor. Si tú eres uno de ellos, sólo te digo que te permitas ser. Recuerdo cuando regresamos a vivir a México y decidí buscar un empleo. Desde el fin de semana compré periódicos y revisé en Internet. El lunes a primera hora ya tenía mi ruta con las compañías que visitaría. Total, llegué a la primera empresa de mi interés. Corrí cuanta entrevista y examen, y así sucesivamente en cada empresa. A las tres semanas sin encontrar algo, por fin aterricé en una compañía donde hasta me felicitaron porque había sacado la máxima nota en el examen técnico. Para entonces yo había visitado al menos treinta empresas... Lo mismo pasa con las relaciones. Siempre duele que te digan no. Pero entonces das la vuelta, y ahí tal vez esté lo tuyo. Es tan padre tener una pareja..., y esto lo digo para los homosexuales también.

Creo que sería interesante saber si hoy en día hay más homosexuales (y porqué) o se ven más porque ya se dejan notar... En este aspecto sólo puedo agregar dos cosas. Una es que me duele que cada día haya más homosexuales, porque eso significa que seremos más mujeres sin pareja. La segunda es que me duele ver cómo muchos de los homosexuales (y las lesbianas) están solos, cuando deberían vivir en comunidad. Lo importante son las personas, no sus preferencias.

Pienso que el deporte es algo que los hombres realmente necesitan, quizá más que las mujeres. Yo entiendo cómo les gusta a los hombres el fútbol, hasta me considero afortunada porque el fútbol me encanta. Cuando era adolescente, por una temporada, fui hasta fan de *hueso colorado*. Ahora ya sólo veo algo de las finales de campeonato y los mundiales.

Finalmente quiero agregar algo sobre oficios. Siento que para los hombres, más que para las mujeres, el tener un oficio o una profesión es muy determinante, así que fijen su mente en algo que les guste, y sobre eso busquen una especialización. Algo así como que si lo tuyo es carpintería, te conviertas en el mejor carpintero... Por otro lado, creo que debe estudiarse cómo atraer más a las personas en general y a los hombres en particular a las fuentes de trabajo.

Yo percibo que a muchos no les gusta tener patrón, que los manden, un horario, trabajar cinco o seis días a la semana, permanecer en una misma compañía o en un mismo puesto durante diez, veinte o treinta años, vivir limitados a las vacaciones de ley, etc. Creo que se podría componer esta situación si hubiera más flexibilidad en cuanto a horarios, roles en el trabajo, temporadas, beneficios y premios, entre otras cosas. Al final se tiene un tú ganas-yo-gano.

Qué necesitamos: *

- Esforzarse por una vida mejor

5. Niño

Ya sé que has oído muchas veces que lo más hermoso de este mundo son los niños, que son el futuro de un país, etc. ¿Pues qué crees?... ¡Es cierto! Cada nueva vida es simplemente un milagro. Para los padres es su paso a la posteridad, la satisfacción de redescubrir su existencia, el poder ser niño-niña de nuevo, la oportunidad que se te brinda de ayudar a tu hijo para que sea mejor que tú y entonces, por consecuencia, tú ser mejor... Los niños no son solo el futuro, sino también el presente, porque nos dicen cómo estaremos y cómo estamos.

Los niños necesitan solo dos cosas: **amor y respeto**. Todo lo demás viene como consecuencia...Está más que estudiado que los golpes para educar no ayudan, es tan simple como aquello de "el amor genera amor, la violencia genera violencia"... ¿Te has fijado que somos perfectos al nacer? Desafortunadamente esa perfección va disminuyendo a medida que pasan los años, porque va siendo reemplazada con cicatrices en el alma. ¿Cuántas cicatrices en el alma tienes tú?

Qué necesitamos:

- Darle a nuestros niños amor y respeto.

Ya sé que este capítulo está dedicado a los niños, pero también quiero incluir a los animales, sencillamente porque son igual de vulnerables. Recuerda que hay lugares donde te reciben las mascotas que ya no quieres. También recuerda que te los pueden atender al mínimo costo, tanto en Antirrábicos como en otros lugares (Veterinaria de la UNAM y Politécnico, por ejemplo). No los maltrates. ¿Has leído alguna vez este poema-historia?:

1ra. semana. ¡Hoy cumplí una semana de nacido...! Qué alegría haber llegado a este mundo.

1 mes. Mi mamá me cuida muy bien. ¡Es una mamá ejemplar!

2 meses. Hoy me separaron de mi mamá. Estaba muy inquieta, y con sus ojos me dijo "adiós", esperando que mi nueva "familia humana" me cuidara tan bien como ella.

4 meses. He crecido rápido; todo me llama la atención, hay niños en la casa, que para mí son "mis hermanitos". Somos muy inquietos, ellos me jalan la cola, y yo los muerdo jugando.

5 meses. Hoy me regañaron. Mi ama se molestó porque me hice "pipí" dentro de la casa; pero nunca me han enseñado donde debo hacerlo. Además duermo en la recámara. ¡Ya no me aguantaba!

8 meses. Soy un perro feliz. Tengo calor de un hogar, me siento tan seguro, tan protegido. Creo que mi familia humana me quiere y me consiente mucho. Cuando están comiendo, me convidan. El patio es para mí solito, y me doy vuelo excavando como mis antepasados lobos cuando escondían su comida. Nunca me educan, ha de estar bien todo lo que hago.

12 meses. Hoy cumplí un año. Soy un perro adulto. Mis amos dicen que crecí mucho más de lo que ellos pensaban, ¡qué orgullosos deben sentirse de mí!

13 meses. Qué mal me sentí hoy, mi "hermanito" me quitó la pelota. Yo nunca le agarro sus juguetes. Así que se la quité. Pero mis mandíbulas se han hecho muy fuertes, así que lo lastimé sin querer. Después del susto me encadenaron, casi sin poderme mover, al rayo del sol. Dicen que van a tenerme en

observación, y que soy ingrato. No entiendo nada de lo que pasa.

15 meses. Ya nada es igual…vivo en la azotea. Me siento muy solo… mi familia ya no me quiere. A veces se les olvida que tengo hambre y sed. Cuando llueve no tengo un techo que me cobije.

16 meses. Hoy me bajaron de la azotea. De seguro mi familia me perdonó. Yo me puse tan contento, que daba saltos de gusto. Mi rabo parecía rehilete. Encima de eso, me van a llevar con ellos de paseo. Nos enfilamos hacia la carretera, y de repente pararon. Abrieron la puerta, y bajé feliz, creyendo que haríamos nuestro "día de campo". No comprendo por qué cerraron la puerta y se fueron. "¡Oigan, esperen!". Ladré… "¡Se olvidan de mí!". Corrí detrás del coche con todas mis fuerzas, mi angustia crecía al darme cuenta de que casi me desvanecía, y ellos no se detendrían. Me habían abandonado.

17 meses. He tratado en vano de buscar el regreso a casa. Me siento perdido y lo estoy. En mi sendero hay gente de buen corazón que me ve con tristeza y me da algo de comer. Yo les agradezco con una mirada desde el fondo de mi alma. Yo quisiera que me adoptaran, sería leal como ninguno, pero solo dicen "pobre perrito, se ha de haber perdido".

18 meses. El otro día pasé por una escuela y vi muchos niños y jovencitos como mis "hermanitos". Me acerqué, y un grupo de ellos, riéndose, me lanzó una lluvia de piedras, para ver quién tenía mejor tino. Una de esas piedras me lastimó un ojo, y desde entonces ya no veo con él.

19 meses. Parece mentira, cuando estaba más bonito, se compadecían más de mí. Ya estoy muy flaco; mi aspecto va cambiando. Perdí mi ojo, y la gente más bien me saca a escobazos cuando pretendo echarme en una pequeña sombra.

20 meses. Casi no puedo moverme. Hoy al tratar de cruzar una calle por donde pasan muchos coches, uno me arrolló. Yo estaba en un lugar seguro llamado cuneta, pero nunca

olvidaré la mirada de satisfacción del conductor, que hasta se ladeó con tal de centrarme. Ojalá me hubiera matado. Pero sólo me dislocó la cadera. El dolor es terrible, mis patas traseras no me responden, y con dificultades me arrastré hacia un poco de hierba a la ladera del camino.

Tengo 10 días bajo el sol, la lluvia, el frío, sin comer. Ya no me puedo mover. El dolor es insoportable. Me siento muy mal; quedé en un lugar húmedo, y parece que hasta mi pelo se está cayendo. Alguna gente pasa y ni me ve; otros dicen "No te acerques".

Ya casi estoy inconsciente; pero alguna fuerza extraña me hizo abrir los ojos. La dulzura de su voz me hizo reaccionar: "Pobre perrito, mira cómo te han dejado", decía... Junto con ella venía un señor con bata blanca, empezó a tocarme y dijo: "Lo siento, señora, este perro ya no tiene remedio, es mejor que deje de sufrir". A la gentil dama se le salieron las lágrimas, y asintió. Como puede, moví mi rabo y la miré agradeciéndole que me ayudara a descansar. Sólo sentí un piquete de la inyección y me dormí para siempre pensando porqué tuve que nacer, si nadie me quería.

La grandeza de una nación y su progreso moral pueden ser juzgados por la forma en que sus animales son tratados

Gandhi

Qué necesitamos:

- Amor y respeto por los animales.

6. Adolescente

Es todo un rollo ser adolescente. Descubrir que tu cuerpo cambia cada día y que tu estado de ánimo se transforma sin pedirte permiso. Que vives completamente preocupado por tu apariencia, que para ti los amigos lo son todo. Que hay días en que odias todo a tu alrededor, y otros en que sientes que te comes el mundo y que puedes conquistar todo lo que te propones, aunque por lo general sientes una flojera aterradora. Ah, y tener en cuenta que si eres varón, ¡eres pura hormona en movimiento!...

Yo creo que si debo escoger un inconveniente de ser adolescente, nombraría la flojera bestial que nos invade. Recuerdo que cuando era adolescente mis padres no me bajaban de floja e irresponsable. No es que me lo dijeran muy seguido, pero no me decían otras cosas como "qué bien te ves hoy", "me da gusto que hayas sacado buenas calificaciones", etc. Así que si a esto le sumas mis complejos, mis miedos, mis carencias y demás, tenemos como resultado un cóctel de inseguridad delicioso...

Alguna vez vi una serie en Canal 11 acerca de la adolescencia, que entre otras cosas describía la flojera como parte intrínseca de este período de nuestra vida. Científicamente lo atribuyen al crecimiento físico y mental tan tremendo que nuestro cuerpo manifiesta en tan corto tiempo. Por ello mismo es tan importante dormir al menos nueve horas diarias y alimentarse bien con frutas, verduras, etc., pues el agotamiento por el esfuerzo de todos tus órganos, huesos y músculos en desarrollo es increíble. La moraleja es que la flojera que te invade sólo es temporal y que la única cura es la fuerza de voluntad día a día, que debes sacar de tu mente para afrontar tus compromisos (ya sabes, la escuela, el novio/la novia, los cuates, el antro).

Hay algo más. Piensa que tu cerebro terminará de desarrollarse como a los veintiún años de edad. Las drogas matan horrores de neuronas en cada viaje, y la adicción al alcohol también es más peligrosa cuanto más joven eres.

Si te digo que hagas o no hagas, no me vas a *pelar*, pero no puedo dejar de nombrar algunas frases:

- Di "no" y cuéntaselo a alguien en quien confías… Siempre-siempre ten un confidente.
- Uno no anda con malas compañías si uno no quiere reflejarse en ellas.
- Todos somos vulnerables a algo. Si te entiendes vulnerable al alcohol, a las drogas o a lo que sea, busca ayuda cuanto antes.
- A tu edad la limpieza es particularmente importante. Debes cambiarte de ropa interior a diario y tomar al menos un *baño francés*: cara-sobacos-colita-pies… y cuídate de los malos olores mediante el uso de desodorantes y evitando calzar tenis que apesten (los de plástico), y lávalos una vez a la semana. Cuida tus pies tanto o más que tu cara, ellos te sostienen y te llevan "del tingo al tango".
- Sólo lo que te cuesta lo aquilatas.
- Este período de tu vida es único. ¡Disfrútalo! ¡Gózalo! ¡Diviértete con tus cuates, por favor, ten muchos cuates! Dedícate a descubrir todo a tu alrededor hasta llegar a la estratósfera y de ahí para adelante. Pero recuerda que hay reglas y que existe algo llamado respeto. Así es la vida, amigo.

- Una última cosa, pero quizá la más importante: ¡sueña! Ten tantos sueños como quieras. ¡No cuestan, y alimentan la vida!

Qué necesitamos:

- ¡Evolucionar!

7. Anciano

Todos algún día vamos a ser ancianos. ¿Cómo me estoy preparando para ese futuro? Trato de comer bien, aunque me encantan los antojitos, pues para mí no hay nada mejor que una tortilla de mano recién hecha en el comal. Hago ejercicio por temporadas, porque no soy una amante del deporte en acción, pero si no, tengo perros que "me sacan" a caminar casi todos los días. Nutro mi mente bastante bien (la traducción es mía también, pero será revisada si puedo costearlo, así que por favor disculpa si encuentras "*erroretions*"). Trato de mantenerme ocupada siempre. Ya estoy comenzando a ahorrar para mi vejez y tengo IMSS, así que algún día me pensionaré y tendré mi servicio médico de por vida. He planeado lo que me gustaría hacer para entonces… y le pido a Dios que me otorgue una buena vejez… si es que ha de tocarme.

Lo que para nada me gusta es que me llamarán "anciana" apenas rebase los sesenta años. Ponte a pensar. Somos niños 13 años, adolescentes 8 años, adultos 39 años, ¡y ancianos 30 años! ¿Podrían, por favor, llamarnos "*senior*", "*seniora*"?

Qué necesitamos:

- Solidaridad, empatía, amor.

8. Indios de origen-nativos originales-indios mexicanos

Primero que nada, permíteme disculparme si el término "indio" te suena grotesco, pero a mí "indígena" me suena peor. Siendo precisa, creo que "indígena" suena mejor que "indio", pero me enfada, porque lo asocio con "indigente".

Llevo años escuchando que los indios reclaman sus derechos y no tienen respuesta. Creo que los indios mexicanos son los más abandonados en este país. (En 2012 la población indígena era de aproximadamente quince millones de personas). Sólo hay que ver ya no cómo viven sino qué comen, cómo se alimentan y qué más tienen. En Finlandia están los aborígenes llamados lapones. Sólo quedan como cuatro mil personas debido a que, como en todas las sociedades aborígenes, sus pobladores poco a poco van dejando sus lugares de origen y emigran para integrarse al resto de la población. Estos lapones viven en su territorio o demarcación lapona de la caza, la artesanía, el turismo, etc. Pareciera que viven felices…, y creo que lo son. Si tú los ves, son independientes, pero a la vez están perfectamente integrados a su país y en apariencia no notas sino por su estilo de vida que son diferentes al resto de la población, es decir, están igualmente alimentados, rebosantes, igual de altos, tienen buen vestido abrigador, buenos servicios, sus chozas tienen lo que ellos necesitan, tienen servicio médico, etcétera.

Pienso que estamos desaprovechando el conocimiento y el talento de los nuestros. Muchos de ellos tienen excelentes cualidades. Yo tuve dos trabajadores de la construcción de origen indio. Uno era muy abusado. Aprendía de todo y bien. Cuando terminamos la relación, ya era un buen maestro. El otro no era tan abusado quizá, pero era bien trabajador, bien "entrón". Recuerdo que tenía bellas facciones nahuas bien definidas, medía cerca de un metro setenta y tenía una sonrisa franca con una hermosa dentadura blanca, todo él era un hombre honesto. Tengo hermosos recuerdos de ambos… Algunas de las cosas que se suelen criticar de algunos de los indios de nuestro país son, por ejemplo, que aún tengan muchos hijos para que ayuden en el campo; que no pongan esmero en aprender cómo cultivar mejor, de modo que trabajen menos, pero produzcan más, pensando tal vez en que si hacen esto de trabajar menos, pero producir más, qué carajos harán entonces con el resto del tiempo que les sobra; que reciban ayuda y no la aprovechen o la desperdicien; que vayan a la ciudad a mendigar denigrando entonces su estirpe y su raza.

Recuerdo que una vez en Londres vi un comercial: salía un niño africano de alrededor de catorce años vestido a la usanza africana, es decir, con una especie de batón de un hombro solamente y que le llegaba debajo de la rodilla. Él estaba dentro de su choza construida con varas y hojas del lugar. La choza estaba muy sencillamente amueblada, aunque de hecho era muy poco lo que se podía ver. El muchacho estaba sentado a la mesa. Los muebles eran claramente hechos a mano con madera del lugar. Entonces te acercaban la cámara a donde él estaba, y veías que estaba escribiendo en un cuaderno. Uno deducía que estaba haciendo la tarea. En ese momento te dabas cuenta de que el chico casi besaba el papel porque se había hecho de noche, y él lo percibía, entonces estiraba el brazo hacia arriba, jalaba de una cadenita y, ¡oh!, ¡se prendía la luz!, y él sólo decía "**What did you expect?**"(¿Qué esperabas?)… El anuncio era de The British Electric Co.

http://t.noticias.prodigy.msn.com/multinacionales-arrebatan-a-ind%c3%adgenas-una-de-cada-tres-hect%c3%a1reas:

29 de Noviembre de 1999. Multinacionales arrebatan a indígenas una de cada tres hectáreas: Un estudio de Iniciativa Derechos y Recursos halló que 31% de los 153 millones de hectáreas concesionadas en 12 países de América Latina, Asia y África eran de tenencia comunal; en México lo evidencia el caso Wirikuta.

De acuerdo con el estudio, el caso más grave ocurre en un país latinoamericano: Argentina, donde el 84 por ciento de las concesiones aprobadas a las multinacionales y destinadas al cultivo de soja está en tierras que en otros años pertenecieron de grupos indígenas… En Chile, Colombia y Filipinas, se descubrió que el 30.5 por ciento de las zonas explotadas por empresas mineras les fue arrebatado a los indígenas. Si bien el análisis no incluye a México, que también padece el problema de despojo de tierras, como lo han denunciado en el **caso Wirikuta**… Para Augusta Molnar, directora de la Iniciativa Derechos y Recursos, esta contraposición de multinacionales-grupos indígenas representa "un riesgo para los inversores que pueden perder su dinero, para los países que quedan expuestos a litigios y para los indígenas, para quienes el riesgo es perder su sustento".

El caso Wirikuta en México. Aunque no está incluido en el análisis, México arrastra varios conflictos indígenas desatados por las concesiones que el gobierno otorga a las empresas multinacionales para la explotación de hectáreas de propiedad comunal…Un ejemplo es el caso de Wirikuta, ubicado cerca de Real de Catorce, San Luis Potosí. La Secretaría de Economía otorgó 22 concesiones a mineras de la multinacional canadiense First Majestic Silver, para la explotación de plata en la tierra de origen del pueblo wixárica (huicholes), un territorio sagrado…Lo de "sagrado" no es ningún invento, en 1999 Wirikuta fue declarado por la Organización de Naciones Unidas para la Educación, la Ciencia y la Cultura (UNESCO) uno de los 14 sitios naturales sagrados del mundo, que deben ser protegidos.

Las concesiones a la multinacional canadiense han despertado varias protestas y hasta la celebración de un concierto en el que participaron bandas como Caifanes, Café Tacuba y Calle 13, y cuya recaudación será destinada a diversos proyectos de la zona ubicada en San Luis Potosí y para continuar con la preservación del centro ceremonial… First Majestic Silver pretende construir una carretera en Wirikuta para sacar su producción, ignorando que la zona es desde 1994 área natural protegida. La región abarca 140.211 hectáreas de tierra de siete municipios de San Luis Potosí...Organizaciones sociales han alertado que el proyecto minero tendrá consecuencias devastadoras para el pueblo wixárika y el medio ambiente; que los permisos otorgados por la Secretaría de Economía devendrán en la contaminación de los ríos, la tierra y el aire...No sólo eso, también amenaza la supervivencia de especies endémicas y en peligro de extinción, como el águila real...Wirikuta cuenta con un plan de manejo de ley que establece la prohibición de actividades mineras en la mayor parte de la región, y en aquellas zonas en las que está permitida se asientan grandes restricciones, como no realizar el vertido de desechos contaminantes o alterar los cursos de agua.

La violencia como 'solución'

Augusta Molnar destacó ante la BBC Mundo el avance legislativo en América Latina en cuanto a los conflictos de la tenencia de la tierra, pero advirtió que esto no suele ser suficiente, pues muchas veces la ley no se aplica ante el despojo de tierras indígenas...Alertó que las más de las veces los conflictos se saldan con represión policial o con el surgimiento de grupos paramilitares que buscan acallar las demandas de las comunidades indígenas, y ejemplos sobran.

En Matto Grosso del Sur, Brasil, estado fronterizo con el Paraguay y con Bolivia, 279 indígenas fueron asesinados entre 2003 y 2011 por conflictos surgidos a raíz del creciente valor de las tierras con el auge de los precios de materias primas..."La solución es reconocer los derechos e invertir lo necesario en involucrar a las comunidades como una parte integral del diseño de un proyecto de inversión. Esto da más certeza a las empresas sobre la viabilidad y la estabilidad de su inversión a largo plazo", insistió Molnar..."Hay dos tipos de conflictos. En algunos casos se trata de que la concesión está en territorio indígena. En otros, que afecta la vida del pueblo indígena porque está muy cerca y perturba el suministro de agua, algo que pasa mucho con la inversión minera"..."No es un tema que va a desaparecer como por arte de magia", sentencia.

Qué necesitamos:

- **Voluntad común. Voluntad común. Voluntad común.**

9. Justicia

Este sí que es un tema profundo. Hoy por la mañana estaba yo viendo cómo hay gente cochina que tira basura en la calle. Al salir de mi casa, veo en la banqueta que el vaso de agua, que la bolsa de la torta, etc. Dime qué te cuesta cargar con tu basura hasta que llegues a tu destino y, una vez ahí, depositarla en un bote de basura (?). Si no piensas en mantener tu ciudad limpia, pues entonces, ¡piensa en el señor que barre las calles y ahórrale trabajo!... Hablar de la escoria de una sociedad resulta ser todo un tema. Lo primero que se me ocurre es pensar en un doble enfoque: uno del lado de la sociedad (lo que cuesta a un país esta clase de gente) y otro del lado de los maleantes, por qué lo son, el qué hacer con ellos y el cómo ayudarlos (si ese es el caso)…

Los costos para una sociedad son altísimos e incluyen pagar a una Policía (salarios, prestaciones, patrullas, equipos, oficinas, luz, etc.); los costos en las casas suponen pagar por elementos de seguridad que van desde poner una reja y enrejado en cuanta ventana exista, sistemas de alarmas, doble y triple chapa a las puertas, etc., hasta pagar guardaespaldas, usar carros blindados, contratar a personal especializado en seguridad… Que el gobierno cree más Policía y haga uso del Ejército inclusive. Luego también están los altísimos costos morales, como son vivir con temor; con los traumas cuando algo nos ha pasado; entre rejas; con problemas de salud como resultado de lo mismo. Por cierto, recién me llegó un correo que decía

"Quiero quitar las rejas de mi ventana para poder tocar las flores…".

El otro enfoque sería considerar a los infractores, pagar médicos y especialistas en criminología para analizar el porqué de su conducta, crear tesis y estadísticas, poner más centros de rehabilitación (que, entiendo, terminan siendo de "desrrehabilitación"), que todo y todos tengan en cuenta sus derechos humanos y esperar a ver si en algún momento de su existencia ellos deciden rehabilitarse. De nuevo: ¡todo un rollo!… La sociedad se queja amargamente: por qué tiene uno que vivir encarcelado, por qué tiene uno que ver por sus derechos humanos, que porqué tiene uno que pagar por tenerlos encerrados como si estuvieran de vacaciones, por qué tiene uno que perdonarlos si ellos nos han amargado la existencia muchas veces al grado de dejarnos en la peor depresión y hastío.

Los delincuentes, por su parte, dicen "es que yo no sabía lo que hacía", "es que yo fui un niño maltratado", "es que mis padres nunca vieron por mí", "es que ellos nunca me quisieron", "es que yo nunca tuve quien me cuidara o me diera al menos un poco de afecto o un gesto amable", "es que la gente siempre fue mala conmigo", "es que no fui a la escuela porque no había ni *pa'* comer en mi casa", "es que mi papá era un delincuente", "es que mi mamá era ladrona", "es que mi hermana era prostituta", "es que… es que yo también soy un ser humano". Y entonces la sociedad le responde "pues sí, lo eres, yo sé que lo eres, pero a poco te preocupó que yo lo fuera cuando me asaltaste/robaste/secuestraste"… y así seguimos… y seguimos.

Bueno, pero ahora hablemos de las cárceles-drogas-maleantes-corrupción y lo que esto nos afecta… Yo siento que la drogadicción, los maleantes y los corruptos están aumentando. ¿Por qué surgen los maleantes? ¿Podría ser por maltratos y carencias? ¿Por el resentimiento, el coraje, la ira que no pueden contener y quieren venganza?… ¿Será que les gustan las cosas fáciles?…

Estoy segura de que dondequiera que haya un maleante hay alguien (papá, mamá, vecino, hermano, hermana, tía, etc.) que sabe que esta persona es justamente eso, un maleante. Quizá cuando la persona se entera decide no hacer nada por amor o por miedo al maleante. Lo triste es que mientras más pasa el tiempo, el maleante se vuelve más maleante, o sea, perjudica-daña-hiere a más gente, y con ello, además, su recuperación se queda más lejos, y es menos posible que ocurra, amén de que la posibilidad de que algo malo le pase es mayor. Siempre que pienso en esta clase de complicidad, me acuerdo del secuestrador el 'Mocha-orejas'. El maldito anduvo haciendo de las suyas por mucho tiempo y cuando por fin la Policía lo agarró, la mamá corrió a defenderlo diciendo: "Mi hijo no es malo, mi hijo es inocente"...

http://t.noticias.prodigy.msn.com/internacional/miner%c3%ada-el-nuevo-negocio-de-los-carteles-mexicanos-17

Minería, el nuevo negocio de los carteles mexicanos

Con explotación directa, por extorsiones o amenazas, los carteles de la droga en México extraen minerales ilegalmente. Según las autoridades, la mayoría de los minerales extraídos de esta forma se exportan a China. BBC Mundo, Ciudad de México.

...Desde hace algunos años, organizaciones delictivas como Los Caballeros Templarios y Los Zetas se han dedicado a la venta clandestina de mineral de hierro y carbón, que según autoridades y grupos empresariales sólo en 2013 les dejó ganancias de al menos cien millones de dólares.

Los casos más recientes ocurrieron en Colima, donde 36 mineras fueron clausuradas por fuerzas del orden ante la sospecha de que fueran operadas por los carteles, y donde este miércoles se interceptó un barco en el puerto de Manzanillo, que transportaba de manera ilegal más de ochenta mil toneladas de mineral de hierro.

...Según la Cámara Nacional de la Industria del Hierro y el Acero (Canacero), desde 2008 se había detectado la extracción ilegal de minerales.

Y en 2010 la Procuraduría (fiscalía) General de la República (PGR) reconoció que el cartel de La Familia Michoacana –antecesora de Los Caballeros Templarios– había exportado ese año mineral de hierro a China. Sus ganancias, entonces, fueron de 42 millones de dólares...

En el siglo XVIII y el siglo XIX, China fue invadida por los ingleses, lo que implicó la gran decadencia de su sociedad; y fueron precisamente los maleantes, el opio y la corrupción los causantes. A pesar de que China era una sociedad milenaria de gran tradición y evolución, no hubo poder humano que impidiera semejante deterioro, que ocasionó una pobreza sin precedentes y con ello más maleantes, más opio y más corrupción... Por esto es que aquí nos urge **UNA NUEVA MORAL**... y todos los sabemos, ¿verdad?...

Quiero agregar brevemente que me consta que la drogadicción y el alcoholismo son curables y que si el enfermo no quiere acudir a los distintos centros de ayuda, entonces es bien importante que sus familiares sí lo hagan. Los grupos de *Alanon* son también una maravilla. La drogadicción es un problemón de miedo. Si nos fuéramos al extremo al tomar una decisión para combatirla, quizá deberíamos legalizar el consumo.

En una primera instancia suena lógico, porque de esta manera no habría contrabando, y los consumidores tendrían su abasto seguro. Esto significa que no habría carteles, muertes, asesinatos, corrupción, etc., y tampoco tendríamos drogadictos que buscan su próxima ración a cualquier precio, así implique robar o lo que sea... A mí me suena cuerdo, pero no he oído qué tan buenos resultados tuvo eso en Holanda, y por otro lado me cuestiono si será la mejor decisión, cuando los Estados Unidos, que son el principal consumidor, no han querido dar este paso. Por ello, yo pienso que deberíamos mediar. Esto es, que sea legal para los consumidores con un año de adicción o más, pero que paguen su consumo con trabajo comunitario y que además se comprometan a terapias de lectura y física con el deporte de su preferencia… Pero más inteligente sería ponerlo en consenso con los consumidores, si ellos lo permiten.

Ya legalizaron en los Estados Unidos (dos estados) el consumo de mariguana:

http://www.bbc.co.uk/mundo/noticias/2012/11/121113_eeuu_legalizacion_marihuana_colorado_washington_lav.shtmlhttp://www.bbc.co.uk/mundo/noticias/2012/11/121113_eeuu_legalizacion_marihuana_colo-rado_washing-ton_lav.shtm l.

07/11/2012 "… [En Colorado] Un 55% de los electores se mostraron favorables a la enmienda. Así, en ese estado –donde el 51% de la población apoyó al reelegido presidente Obama y el 47% al opositor Romney–, se permitirá a los mayores de 21 años portar hasta 28 gramos de marihuana y cultivar hasta seis plantas en sus casas. Y no fue el único estado que le dijo sí al consumo lúdico del *cannabis*. En el norteño estado de Washington se aprobó una enmienda similar, también con el 55% de los votos, en los comicios de la semana pasada. En ambos estados además de permitir el consumo personal de la marihuana, se creará un sistema de licencias oficiales para producirla, procesarla y venderla… (Me gusta mucho cómo se ven estas notas (referencia) así con la fuente color azul arriba a renglón normal y luego el texto con esta sangría)

Otro punto por considerar sería el daño a fumadores pasivos de marihuana. En el caso de fumadores de puros, existen salones diseñados expresamente dentro de las tiendas de puros. Quizá, entonces, podrían colocar kioscos con bancas en parques.

http://armillaantelasdrogas.blogspot.mx/2013/03/los-efectos-del-humo-de-la-marihuana-en.html 20/03/2013:

20/3/2013. El convivir con una persona que fuma marihuana diariamente afecta la salud del llamado "fumador pasivo". Por el sólo hecho de aspirar el humo de la marihuana, se padecen los efectos de esta, aunque en menor medida. Pero llegado el caso, tras aspirar demasiada cantidad, se puede incluso dar positivo un posible análisis. Los efectos son aún más graves si son los niños los que están expuestos al humo de la marihuana.

Los efectos de la exposición de la marihuana en bebés y niños: Las investigaciones han demostrado que los bebés nacidos de mujeres que usaron marihuana durante sus embarazos muestran respuestas alteradas a estímulos visuales, trémulo acrecentado, y llanto agudo, lo que puede indicar problemas con el desarrollo neurológico. En el caso de bebés cuyo padre fuma marihuana, el riesgo de fallecer a causa de muerte súbita infantil se multiplica por tres. Durante la infancia y los años preescolares, se ha observado que los niños expuestos al humo de la marihuana tienen más problemas de conducta y más dificultad para realizar tareas de percepción visual, comprensión de lenguaje, atención sostenida, y de memoria. Posteriormente, ya en el colegio, estos niños tienden a exhibir un déficit en sus habilidades para tomar decisiones, su memoria y su capacidad para permanecer atentos. Los estudios también muestran mayor propensión al enojo y comportamiento regresivo (chuparse el dedo y episodios de "rabietas") en los niños cuyos padres consumen marihuana que entre los niños de padres no usuarios... armillaantelasdrogas@ayuntamientodearmilla.com

En el mismo tema digo que algo debe hacerse con tanta matanza entre carteles, porque esta situación no puede sino seguir escalando y matando inocentes en el camino. Según datos del Instituto Nacional de Estadística y Geografía (INEGI), la guerra contra el crimen organizado durante el sexenio de Felipe Calderón dejó un saldo de 121.683 muertes violentas. Mira la magnitud de la pelea, que ahora "contratan" maras.

(http://es.wikipedia.org/wiki/Mara_Salvatrucha)
la crueldad excesiva de los miembros de las maras o "mareros" les permitió ser contratados por la organización delictiva de Sinaloa, dirigida por Joaquín Guzmán Loera, para ser entrenados en el manejo de armas y contrarrestar la fuerza de la Organización del Golfo (Los Zetas), una guerra que azota el sur de la frontera de los Estados Unidos. Las actividades criminales de la mara Salvatrucha incluyen venta de drogas, extorsión, venta de armas, secuestros, robos y asesinatos por encargo, entre otras. En Centroamérica su presencia se debe a la deportación de delincuentes desde los Estados Unidos a sus países de origen...

Finalmente digo que debemos *cerrar* frontera al sur para detener esta inmigración por medio de La Bestia, el tren carguero que es una burla a nuestra soberanía.

Qué necesitamos:

- Una nueva moral.

10. Política

A mi entender un país puede ser equiparado a una familia, y si lo entendemos de este modo, pues resulta más sencillo descifrar el mejor manejo de este, en busca de una armonía. Veamos cómo es.

Existe una autoridad, y otras personas dependen de cómo se maneja la autoridad para que salgan bien, o no, en la vida. Existen reglas y acuerdos. Existe la convivencia forzosa (considerando que nos fue impuesta por un ser supremo a los individuos). Existe toda una mezcla de sentimientos de cada uno de los integrantes, que hace difícil la convivencia, pues cada persona percibe los eventos e inclusive las palabras de manera diferente. Y qué me dices de los gustos, el temperamento, el sentido del humor y demás de cada persona. ¿Verdad que cada persona es diferente?... "Pero qué friega, ¡pues tienen que aguantarse unos a otros porque no les queda otra!"...

"¡Pero que cómo que no nos queda otra!" (bien podrían decir nuestros gobernantes)... *"Separemos más a todos, separemos a los pobres de los ricos, a los buenos de los malos, a los de diferente etnia o raza, pongamos más partidos políticos (¿YA SON 8?), pongamos más diputados y más senadores, y más burocracia, y como es muy difícil poner a todo mundo de acuerdo, pues pongamos más de todo, y además, como cuesta mucho trabajo llegar a acuerdos, pues entonces démosles un sueldotote y paguémosles horas extras y superbonos y vacaciones, y prestaciones y... ¡Ah! Si se pone más difícil el asunto, ¡pues DIVIDE Y VENCERÁS!...*

Siempre nos queda el recurso ya sea de vender parte del territorio o bien algo más, al fin que a estos connacionales les vale qué pasa con el país mientras a ellos no les afecten su mundo"…

Alguna vez hace muchos años conocí a un italiano que me dijo "Yo no entiendo cómo ustedes, los mexicanos, teniendo este país tan bello y tan rico, aguantan todo lo que les han hecho y lo que les siguen haciendo sus gobernantes y políticos", ¿te suena?

Ejemplos te puedo dar cientos, y esto *nomás* de lo que yo he vivido. Había pensado llenarte de estadísticas *pa'* que te acordaras o supieras, pero si lo hago, este libro no sale nunca. En este momento tengo fresco el recuerdo del superfraude al IMSS, al sindicato de petróleos, los demasiados desfalcos a bancos y autorrobos a bancos cuando la banca estuvo nacionalizada. Y ¿cómo le puedes llamar al gasto excesivo de las campañas políticas preelectorales?… ¡Tanto dispendio! ¡Por mi casa hay un *edificiote* gubernamental al que le dejan las luces prendidas toda la noche!…

ALTO A LA CORRUPCIÓN Y EL ENRIQUECIMIENTO ILÍCITO… POR ELLO, ¡METAMOS A LA GENTE *EN CINTURA*, REDUZCAMOS SU TAMAÑO Y PONGÁMOSLES CONTROLES Y LUEGO PONGAMOS CONTROLES A LOS CONTROLES Y CASTIGUEMOS A LOS QUE NOS HACEN DAÑO!

http://t.noticias.prodigy.msn.com/negocios/forbes/listas/los-5-enemigos-de-la-productividad-en-m%c3%a9xico / *marzo 8, 2014*

Los cinco enemigos de la productividad en México

¿Qué es lo que hace que los trabajadores mexicanos sean ocho veces más productivos en los Estados Unidos que en México?, un grupo de expertos en la materia se reunió en la Ciudad de México para averiguarlo.

En 2011 había 24 millones de mexicanos trabajando en los Estados Unidos, en ese año, esta población generó un PIB total de 25.6

billones de pesos. En ese mismo lapso, en México había 48.3 millones de personas trabajando, y lograron un PIB de 14 billones de pesos.

"Si en México tuviéramos la productividad que tienen los mexicanos en los Estados Unidos, nuestro PIB sería del doble", afirma Francisco Lelo de Larrea, subdirector de Investigación Económica del CEESP.

La combinación entre bono demográfico y cambios estructurales debería arrojar un aumento del crecimiento económico y los niveles de productividad, sin embargo, el reto resulta mayúsculo si se considera que en comparación con los mexicanos que trabajan en los Estados Unidos, la productividad de los trabajadores es ocho veces menor en sectores como agricultura, siete veces en servicios y cuatro veces en manufactura.

¿Qué se necesita cambiar?

Expertos reunidos por el observatorio económico *México ¿cómo vamos?* concluyen que la baja productividad tiene que ver con retos sistémicos. Te presentamos los principales resultados.

1. Empresas pequeñas con grandes problemas: Las empresas con más de mil trabajadores generan valor por trece mil dólares por empleado, mientras que las empresas con menos de diez empleados apenas generan siete mil dólares por empleado, ¿por qué las pequeñas tienen tan mal desempeño?

Pablo Ordorica, director de McKinsey and Co, explica que en México las empresas que evaden impuestos ahorran 28% del costo de la nómina por no cubrir impuestos y el pago de la seguridad social, de ahí que más del 50% de los trabajadores de México estén en el sector informal, y que la proporción vaya en aumento.

2. Gasto de gobierno: La asignación de gasto gubernamental que se ejerce sin proporcionar detalles de su destino se incrementó en diez veces entre 2013 y 2014.

Edna Jaime, directora general de México Evalúa, explica que la influencia del gasto gubernamental en el crecimiento no resulta determinante dado que no hay un monitoreo apropiado de cuánto y cómo se gasta, derivado de ello, los proyectos de infraestructura suelen duplicar los tiempos de ejecución.

"El 48% de las solicitudes de aclaración de la Auditoría Superior de la Federación corresponden a proyectos de infraestructura, las auditorías llegan tarde", advierte.

3. Estado de derecho: Isaac Katz, profesor de economía del ITAM, señala que no es de sorprenderse que el crecimiento de la economía apenas ronde el 1%, sino que lo realmente sorprendente es que aún ante las condiciones actuales del estado, la economía crezca.

El 40% de los reos en las prisiones no está condenado, y el 50% de las personas en la cárcel está preso por delitos cuyo valor no rebasa los cinco mil pesos.

4. Seguridad: En 2012 se cometieron en México la mitad de todos los homicidios reportados en los países pertenecientes a la OCDE.

Alejandro Hope, director de Políticas de Seguridad del IMCO, señala que el 66% de las personas que pierden la vida a causa del crimen cada año es menor de 40 años, con lo cual, el país destruye capacidad productiva potencial.

"El Inegi calcula que los costos asociados a inseguridad rondan el 1.4% del PIB, pero si se considera toda la pérdida de calidad de vida de las personas que viven en entornos violentos, la cifra se eleva a entre el 8% y el 15% del PIB".

5. Educación: La probabilidad de que una persona que no cuente al menos con escolaridad primaria termine trabajando en la informalidad es casi del 100%. Sin embargo, alcanzar un posgrado no implica una mejora segura del nivel de ingresos, pues el 12% de los mexicanos con posgrado termina trabajando en la informalidad.

"La oferta de mano de obra con posgrados no corresponde a la necesidad de talento, áreas como especialización en docencia, electrónica y filosofía tienen pocas posibilidades de una mejora de ingresos aun con un posgrado", señala Catalina Delgado, consultora del IMCO.

¿Recuerdas la MÁXIMA BOSQUE?... **¡Los políticos son votados por el pueblo, deben trabajar por y para el pueblo, y es el pueblo vía impuestos quien les da su salario!, o sea: ¡comen gracias a nosotros!** El trabajo de los políticos es hacer leyes y discutir sus contenidos, y luego, cuando se aceptan, ellos deben vigilar que se cumplan y cómo funcionan. También es su trabajo mediar entre particulares en busca de soluciones, y vigilar que los individuos estén a gusto con su entorno... Bueno, pues resulta que esos políticos que comen gracias a ti y a mí ¡comen *muuuucho* mejor que tú y yo juntos! No digas "sólo comen mejor". ¡No!... Viven mejor, viajan mejor, visten mejor y hasta ahorros tienen. ¡¡¡Mega ahorros!!!... Mientras que nuestras ciudades están cada vez más llenas de maleantes, comercio ambulante, inseguridad, cierre de fábricas nacionales, corrupción, etcétera.

http://www.mexicodemente.org/index.php?option=com_content&view=article&id=242:conoce-los-sueldos-de-los-funcionarios-federales-para-2013&catid=2:noticias: 11 de Diciembre del 2012

El proyecto de Presupuesto de Egresos de la Federación para 2013 no sólo contempla lo que debe gastar cada dependencia y organismo gubernamental federal, sino también determina los salarios y las prestaciones de funcionarios públicos. Aunque no existen cambios en presidencia, secretarías ni diputados, los senadores, ministros y magistrados cuentan con aumentos salariales. Aquí te dejamos las nuevas remuneraciones mensuales que envió el Ejecutivo Federal:

Presidente	Secretarías
Sueldo base: $208,570.91	Sueldo base: $145,820
Prestaciones ordinarias y extraordinarias: $142,227.91	Prestaciones: $52,366
Total: $350,798.82 [mensual]	Total: $198,186 [mensual]
Sin cambios respecto a este año.	

Diputados	Senadores
Dieta fija: $105,378	Dieta fija $171,444.
Prestaciones $53,359	Prestaciones $55,848.
Total: $158,737 pesos mensuales	Total: $227,292. [mensual]
Sueldo anual: 1,904,848 pesos.	Sueldo anual: $2,727,509.
En comparación con este año, existe una reducción de $1,166 pesos puesto que el proyecto vigente contempla un sueldo mensual de 159,903 pesos mensuales (con todo y prestaciones).	En contraste con los diputados, el sueldo de los senadores aumentará $1,537 pesos, ya que aumentaron sus prestaciones, pues de 54,310 que reciben actualmente, el próximo año podrían recibir más de 55,000.

Suprema Corte de Justicia de la Nación	Ministros
Ministro presidente Sueldo base $356,242. Prestaciones $94,114. Pago por riesgo$ 59,548. Total $509,905. [mensual] Sueldo anual: $6,118,837. Sueldo mensual vigente: $491,064.83.	Sueldo base $208,000. Prestaciones $66, 482. Pago por riesgo $75, 517. Total: $350,000 [mensual] Sueldo anual: $4,200,000. Sueldo mensual vigente: $333,248.
Tribunal Electoral del Poder Judicial de la Federación	**Magistrados**
Magistrado presidente Sueldo base: $350,488.75. Prestaciones:$99,866.33. Pago por riesgo: $59,548. Total: $509,903.08 [mensual] Sueldo mensual vigente: $491,064.83. Sueldo anual para 2013: $6,118,837.	Sueldo base: $208,000. Prestaciones:$74,252.25. Pago por riesgo: $67,747.75. Total: $350,000 [mensual] Sueldo mensual vigente: $333,284.41. Sueldo anual para 2013: $4,200,000.
IFE(cambió a INE en 2014)	**Secretario Ejecutivo IFE**
Consejeros electorales Sueldo base: $252,801.41 Prestaciones: $84,426 Total: $337,227.41 [mensual] Sueldo anual 2013: $3,033,617 No hay cambios en los sueldos de los consejeros electorales.	Sueldo base:$216,969.33 Prestaciones: $73,193.16 Total: $290,162.49 [mensual] No hay cambios respecto al sueldo del secretario ejecutivo.

Bajar sueldos no impacta en economía.
Aunque los sueldos de los altos funcionarios son elevados para el resto de la población, el doctor en ciencias políticas del Tecnológico de Monterrey, Gustavo López Montiel, aseguró que disminuirlos no tendría un gran impacto en la economía.
"El impacto no sería tan alto como se piensa, pues algunos estudios indican que aportaría alrededor del 0,002%, el fenómeno toma relevancia porque es mediático y se trata de justicia", enfatizó.
Aceptó que este tipo de remuneraciones hacen evidente la brecha que existe entre el grueso de la población y los funcionarios públicos, situación que existe en otros países, pero no tan marcada…

Yo digo, ¿cómo es posible que semejantes cantidades de dinero no tengan impacto en la economía? Si a mí me ofrecieran cualquiera de estos puestos de trabajo, yo estaría dispuesta a obtener un salario apenas decoroso por los 6 años que durara mi mandato sólo por el enorme placer y satisfacción de servir a mi pueblo.

NUEVOS SALARIOS MÍNIMOS 2013, POR ÁREA GEOGRÁFICA GENERALES Y PROFESIONALES: El Consejo de Representantes de la Comisión Nacional de los Salarios Mínimos acordó otorgar un aumento general a los salarios mínimos de las dos áreas geográficas para el 2013, del **3.9 por ciento**. Los nuevos salarios mínimos legales que regirán a partir del primero de enero de 2013 son los siguientes: área geográfica "A", **64.76** pesos diarios; área geográfica "B", **61.38** pesos diarios. *[Sueldo mensual +/- $2000.]*

[Nota de la autora: Aunque estos salarios son más bien una referencia, digamos entonces que un profesionista joven que gana 10,000 pesos al mes puede considerarse afortunado.]

---

http://www.0686.org/question/20130411210718AA2k6bo.html

Cuántos senadores conforman la Cámara de Diputados actualmente (2013) y qué porcentaje hay de cada partido. Cinco estrellas al que me ayude. **Respuestas:** La **Cámara de Senadores tiene 128 miembros**, de los cuales 64 son elegidos estatalmente (dos por estado), y 1 se le otorga a la primera minoría, los 32 restantes son elegidos por medio del principio de elección plurinominal.

Senado

PAN 50... PRI 33... PRD 25... PVEM 6... MC 5... PT 5... INDEPENDIENTE 4.

Por un lado, **la Cámara de Diputados de México** es denominada como la Cámara Baja del Congreso de la Unión; cuenta con **un total de 500 diputados**, de los cuales 300 son elegidos por mayoría relativa, de acuerdo con cada distrito electoral, y 200 son elegidos mediante el principio de representación proporcional con 5 circunscripciones plurinominales.

Diputados

PRI 207... PAN 115... PRD 99... PT 19... PVEM... 34... MC... 16... NA 10.

Estas cifras son indicadoras del Congreso entre el 2012 y el 2015.

http://www.aztecanoticias.com.mx/notas/mexico/174179/diputados-aprueban-presupuesto-2014

... Diputados aprueban presupuesto 2014...México, DF. En maratónica sesión, la **Cámara de Diputados aprobó** que el próximo año el gobierno federal tenga un **presupuesto** de 4 billones, 467 mil 225 millones 800 mil pesos... (**4.467.225.800.000**), cifra superior en más de 500 mil millones de pesos al ejercido en este 2013 [**aumentó en 500,000,000,000.00 con respecto a 2013**]...

Aún hay más. Si sumamos los sueldos anuales de diputados y senadores, nos da un aproximado de 1,301,545,152 pesos. Pero estos *1,302* millones se convierten en casi 12,000 millones de pesos una vez que sumas personal y gastos:

http://www.diputados.gob.mx/PEF2013/temas/tomos/01/r01_apurog.pdf
PROYECTO DE PRESUPUESTO DE EGRESOS DE LA FEDERACIÓN 2013... DICIEMBRE DE 2012... **RAMO: Poder Legislativo... Resumen del ramo: TOTAL: 11.948.011.682.**

22/12/2013.- Por Dolia Estévez de Forbes,1 de 10
El top 10 de los mexicanos con grandes escándalos de corrupción
Ver galería

La revista *Forbes* presentó una lista de **los políticos más corruptos del país**, luego de que la organización **Transparencia Internacional** publicó su Índice de Percepción de la Corrupción 2013, en el que México ocupa el lugar 106, de 177 naciones.

http://t.noticias.prodigy.msn.com/negocios/forbes/listas/los-pol%c3%adticos-m%c3%a1s-corruptos-seg%c3%ban-forbes#image=1. 20 de diciembre de 2013:

Modelo pueblo

Alejandra Sota fue la vocera del ex presidente Calderón y actualmente está siendo investigada por las autoridades mexicanas por su presunta malversación de fondos y tráfico de influencias. Es sospechosa de favorecer a amigos y antiguos compañeros de clase en contratos gubernamentales durante el tiempo que se desempeñó como funcionaria. Actualmente, está cursando un posgrado en la Escuela Kennedy de Harvard, a pesar de no tener título universitario.

Arturo Montiel, ex gobernador priísta del estado de México, tío de Peña Nieto y miembro del Grupo Atlacomulco, es acusado por su ex esposa, Maudi Versini, de secuestrar a sus tres hijos. Versini, quien tiene la custodia de los niños, afirma que la justicia ha sido manipulada por su ex marido para evitar que ella los vea. Montiel se retiró de una carrera presidencial en 2005 tras descubrirse que era dueño de mansiones millonarias y que había realizado fuertes transacciones bancarias en México y en Francia. No está bajo investigación.

Fidel Herrera, ex gobernador priísta del estado de Veracruz. Bajo su administración las actividades delictivas del cartel de los Zetas prosperaron. Las denuncias acerca de sus conexiones con los Zetas surgieron durante un juicio en abril en Texas. Un agente del FBI testificó que Francisco Colorado Cessa, un contratista de la petrolera estatal de México, Pemex, actuó como intermediario entre Herrera y el miembro fundador de los Zetas. Al parecer, Herrera fue sobornado para que los Zetas pudieran operar libremente en el estado. Herrera ha negado las acusaciones y no es objeto de investigación en México.

Humberto Moreira, ex gobernador priísta del estado de Coahuila. Durante su gobierno la deuda del estado aumentó más de un centenar de veces, pasando de 200 millones de dólares a 35 mil millones, lo que produjo la peor crisis financiera de Durango en la historia del país. El escándalo de la deuda forzó la dimisión de Moreira. Posteriormente, Jorge Torres López, quien asumió como gobernador interino, fue acusado de conspiración para lavar dinero, entre otros delitos financieros. Moreira no ha sido acusado y actualmente vive con su familia en un barrio de lujo en Barcelona, España.

Tomás Yarrington, ex gobernador priísta de Tamaulipas, fue acusado de crimen organizado y lavado de dinero en Texas a principios de este año. Supuestamente Yarrington recibió grandes sobornos de los principales grupos del narcotráfico en Tamaulipas, entre ellos el Cártel del Golfo, a cambio de dejarlos operar libremente durante su gobierno (1999-2004). Los abogados de Yarrington dicen que los cargos se basan en acusaciones falsas por personas que tratan de negociar con los fiscales estadounidenses. Hasta el momento los Estados Unidos no han solicitado su detención y extradición; además, se desconoce su paradero.

Andrés Granier, el ex gobernador priísta de Tabasco, fue detenido por cargos de corrupción, malversación de fondos, evasión de impuestos y lavado de dinero. En una conversación grabada y filtrada a los medios de comunicación, Granier se jactaba de ser dueño de 400 pares de zapatos, 300 trajes y 1000 camisas, que fueron compradas en tiendas de lujo en **Nueva York y Los Ángeles**.

Genaro García Luna fue el poderoso secretario de Seguridad Pública, bajo la administración de Felipe Calderón. Con el mayor presupuesto asignado a su departamento y un cheque en blanco de Calderón, García Luna era el miembro del gabinete más temido del país. Su mandato se caracterizó por tener un exceso en gastos de promoción y por el abuso de poder. La escritora Anabel Hernández reveló en su libro *Los señores del narco* presuntos nexos de García Luna con el crimen organizado, entre ellos Joaquín *el Chapo* Guzmán. Por otro lado, en el 2012, el narcotraficante Edgar *la Barbie* Valdez Villareal dijo que García Luna había estado en la nómina de los grupos de narcotraficantes desde hacía diez años. García Luna no ha sido visto desde que dejó el cargo en 2012, y se cree que está viviendo en Miami, pero los periodistas no han sido capaces de encontrarlo.

Raúl Salinas de Gortari es uno de los responsables de la destrucción del legado presidencial de su hermano Carlos Salinas de Gortari, al convertirse en un símbolo de la corrupción y la impunidad. Raúl fue acusado de homicidio y pasó diez años en la cárcel, pero fue absuelto en 2005. En julio de este año, un juez mexicano lo exoneró de enriquecimiento ilícito y ordenó la devolución de 19 millones de dólares y 41 propiedades. La decisión indignó a los mexicanos, y se percibe como una prueba más del abuso de poder por las élites mexicanas.

Carlos Romero Deschamps es el poderoso líder del sindicato de trabajadores de Pemex y uno de los miembros más influyentes del PRI. Paulina Romero, su hija, muestra en Facebook sus viajes alrededor del mundo acompañada de sus tres bulldogs ingleses Keiko, Boli y Morgancita, también presume de sus viajes en yates, comidas en restaurantes de primera clase y bolsos de lujo. Su hermano tiene un Enzo Ferrari de dos millones de dólares, que fue un regalo de su padre, cuyo sueldo mensual es de aproximadamente mil ochocientos sesenta y cuatro dólares. Según la analista de política Denise Dresser, en 2011 recibió 21,6 millones de dólares para ayudar al comité ejecutivo del sindicato y 15,3 millones de dólares para las cuotas sindicales.

La dirigente sindical y ex maestra **Elba Esther Gordillo** fue acusada de malversar *200 millones de dólares de fondos sindicales* para pagar un lujoso estilo de vida. Es conocida por sus bolsas Hermes y sus costosas cirugías plásticas en clínicas de California. Hasta el momento hay tres residencias en los Estados Unidos vinculadas a Gordillo, y la principal es una casa en California de $ 4.7 millones de dólares, que cuenta con un muelle privado y un bote.

Por favor, pon atención. Por *más de cuarenta años* nuestros gobernantes nos han robado y robado. Si hablamos de que Elba Esther Gordillo nos robó 200 millones de dólares, ¿cuánto crees que sea el total de dinero que todos esos mal nacidos nos han robado por tantos años? Ahora bien, si ella nos robó 200 millones de dólares, y somos más de cien millones de mexicanos, quiere decir que SÓLO con lo que esta señora se robó le hubieran tocado *a cada mexicano* cerca de dos millones de dólares ¡¡¡!!! ¿Qué harías *tú (porque estos nomás son pa' ti)* con más de veintiséis millones de pesos?... Ok, ok... siendo realistas, no te darían en mano ese dinero, pero suma estos 26 millones de pesos aquí más 2 millones de allá, más 15 millones de más allá, y demás, y ese número que te imaginas sería utilizado en caminos, banquetas, calles, iluminación, servicios médicos, educación, transporte, drenaje, etcétera.

¡Por esto, debemos luchar por nuestros derechos y poner orden *nosotros* en el gobierno que tenemos!

> http://www.nosotrosdiario.mx/inegi-reporta-mas-de-39-mil-maestros-aviadores-en-mexico-41936
>
> **Inegi reporta más de 39 mil maestros aviadores en México**
>
> Por: Nosotros
>
> martes 01, de abril de 2014 - 08:19 AM
>
> **El censo concluyó que el 13% de las plazas magisteriales en centros de trabajo no tiene sustento.**
>
> **El sistema escolar mexicano cuenta con 30,695 maestros comisionados o con licencia, según concluyó el primer censo escolar realizado por el Instituto Nacional de Estadística y Geografía (Inegi).**
>
> Durante la presentación de los resultados, el titular de la dependencia, Eduardo Sojo, señaló que **por primera vez** se sabe que en México hay 978.188 maestros que dan clases en las escuelas públicas y privadas de educación básica.
>
> El informe señala que, además de los aviadores y de los comisionados, existen 113.259 personas ubicadas en "otro centro de trabajo", y otros 114.998 que ya se jubilaron, se retiraron y fallecieron.
>
> **Sin embargo, lo que llamó la atención de los resultados que arrojó el censo es que hay 39.222 personas que nadie sabe qué hacen ni dónde están.**
>
> En total, según explicó Sojo, se trata del 13% de las plazas magisteriales en centros de trabajo que no tiene sustento o no debe estar en la base de datos.
>
> Al respecto, el titular de la SEP, Emilio Chuayffet, dijo que los maestros y los trabajadores de la educación que están fuera del censo serán sacados de la nómina magisterial.
>
> Cabe señalar que el 90% de las escuelas o centros de trabajo fue censado con un 99,6% de respuesta.

Yo sigo sin publicar mis apuntes, y ahora Peña Nieto ¡acaba de "aprobar" la reforma energética! Peña Nieto pro-mete que tendremos fuentes de trabajo... ¿No fue esto lo que prometió Calderón?... ¿Y las promesas sin cumplir de Fox?... Y más atrás, ¿no fue Salinas de Gortari quien nos prometió un país de Primer Mundo al firmar el TLC con los Estados Unidos y Canadá?, y en cambio nos dio una superdevaluación y el derrumbe de la economía nacional, que lleva ahora cuatro sexenios (24 años sin contar el presente sexenio).

---

http://www.milenio.com/politica/Ganan-Pena-Nieto-maestros-Imco_0_299370076.html

Ganan más que Peña Nieto 70 maestros, afirma el Imco
Además detecta que más de siete mil mentores ganan más de cien mil al mes y que hay casi dos mil "escuelas fantasma", a las que se les destinan más de trescientos cuarenta y tres millones de pesos.

México

El Instituto Mexicano de la Competitividad (Imco) reveló que en México existen 70 maestros que ganan más de ciento noventa y tres mil pesos, salario mayor al del presidente Enrique Peña Nieto.

Incluso identificó a un maestro del estado de Oaxaca, A. Ramírez Z., quien registró un sueldo mensual superior a los seiscientos mil pesos, con lo que es el que más gana en todo el país.

"Solo 25 de ellos trabajan directamente en escuelas; de ellos, únicamente cuatro laboran en alguna escuela que aparece catalogada como 'excelente', y dos en alguna catalogada como 'buena'. El resto se encuentra reprobado o pasa de panzazo", explicó Alexandra Zapata, coordinadora del proyecto Mejora tu Escuela del Imco.

En el estudio llamado Mapa del magisterio de educación básica en México, uno de los casos que más llamó la atención tuvo lugar en Hidalgo, donde se detectó un grupo que denominaron Los Lupitos, del que registraron 1440 maestros con fecha de nacimiento el 12 de diciembre de 1912. En ellos se destinan 31.000.000 31 000 000 de pesos por trimestre.

"Podrían ser aviadores, no los queremos llamar así, probablemente no existen. Creemos que hay alguien del.

El Imco señaló también que el sueldo promedio de los maestros es de 25.00025 000pesos al mes. El universo analizado es de nóminas que se pagan con recursos del Fondo de Educación Básica del gobierno federal.

Además, detectó a 91.12991 129 profesores que pudieran estar entre el 10% de los hogares más ricos de México con un ingreso de 44.00044 000pesos, y más de 7000 docentes con un rango de edad entre 26 y 91 años que ganan más de cien mil pesos.

"Lo que se tiene que hacer es poner orden en la nómina del magisterio de la educación básica y que se empiecen a tomar decisiones; si el sindicato no puede ayudar al gobierno a saber qué está pasando, no debería ponerse en una posición de negociar sueldos", consideró Zapata.

"Ser maestro sindicalizado es lo mejor que se puede ser en este país, evidentemente. Es más rentable que cualquier profesión, ingenierías, esto es ya la lotería de los profesionistas en México", añadió.

En cuanto a los planteles educativos, el Imco registró 1906 "escuelas fantasma" que tienen destinados recursos, pero no existen en el censo. En ellas, la nómina mensual asciende a más de trescientos cuarenta y tres millones de pesos.

Estado (se refiere al estado llamado Hidalgo) o del sindicato detrás, metiéndose a la bolsa esas cifras, al menos que (Los Lupitos) hayan encontrado la fuente de la juventud", expresó

En materia de infraestructura, encontraron que existen 536 telesecundarias que operan sin servicio de energía eléctrica, "lo que se traduce en 1436 profesores que trabajan en escuelas en donde no pueden operar su principal herramienta de trabajo".

De la misma manera, en el país hay 93 escuelas que tampoco tienen luz y que están inscritas en el programa "Habilidades digitales para todos", que tiene entre sus objetivos equipar las aulas con tecnologías de la información y de la comunicación...

Recuerdo claramente cuando Echeverría empezó a endeudarnos. Él juraba que se estaba creando industria. Lo que hizo fue aumentar la burocracia con industria paraestatal, cuyo resultado hoy conocemos. Luego vino

López Portillo, quien dijo que defendería el peso como perro y, entre otras cosas, devaluó y hundió al país, por lo que este tuvo que endeudarse más.

El país está quebrado, como resultado de tanto robo, fraude, negocios particulares y derroche de gente del gobierno, a lo cual hay que sumarle las consecuencias de la globalización, y el hecho de que seguimos exportando en gran medida materias primas o dando concesiones de minas a empresas extranjeras, cuando que nuestras importaciones son básicamente de productos terminados, y también debido a la falta de desarrollo de industria propia, el deterioro en la enseñanza, la existencia del narcotráfico y para rematar el crecimiento de la economía subterránea, que incluye a gente desempleada y nichos de poder y corrupción…

http://www.milenio.com/region/Regalo-millonario-cumpleanos_0_276572984.html
Regalo millonario de cumpleaños
Con las 'cooperaciones voluntarias' se juntaban de 850,000 a 1,500,000 de pesos; el obsequio en algunas ocasiones era un vehículo de lujo.

Elvia García/Iván Tirzo/Jaime Zambrano/Luis David García08/04/2014 01:10 AM

> Puebla
>
> Israel Pacheco obliga cada año en su cumpleaños, el 23 de agosto, a los 2500 sindicalizados del ayuntamiento de Puebla a aportar una "cooperación voluntaria" de 350 a 600 pesos por empleado para organizar su fiesta.
>
> Cada año se recababan de 850,000 pesos a 1,500, 000 de pesos, que se usaban para la comida, el grupo musical y, sobre todo, el regalo del líder sindical, que en varias ocasiones fue un vehículo de lujo.
>
> Así lo reveló en entrevista el secretario general del Sindicato de Trabajadores de Limpieza, Recolección y Actividades General Ignacio Zaragoza del ayuntamiento de Puebla, Orlando López Reyes…
>
> …Bono por 15 millones
>
> Un bono para "actividades culturales" del sindicato recibe anualmente Israel Pacheco, el cual es cubierto por el ayuntamiento de Puebla antes de cada 15 de diciembre, y que oscila alrededor de los quince millones de pesos. Este fue autorizado en el año 2004 durante la gestión del entonces alcalde Luis Paredes…
>
> …Desaparecen las fotos en Facebook de esposa e hija
>
> Las cuentas de Facebook de la esposa y la hija de Israel Pacheco Velázquez fueron dadas de baja en las primeras horas de este lunes, luego del escándalo que causó la información sobre los lujos que se daban los familiares del líder sindical al hacer viajes por los países de Francia, Italia y España…
>
> …Israel Pacheco Velázquez, quien durante un lapso de 13 años pasó de ser un empleado a ser un líder vitalicio dueño de departamentos, casas y vehículos…

Peor aún es la división social que está ocurriendo entre nosotros, los ciudadanos. Mira la que está ocurriendo en Chiapas. Yo temo que sea el principio de un Belice o de un Puerto Rico:

> http://t.noticias.prodigy.msn.com/internacional/m%c3%a9xico-qu%c3%a9-fue-del-subcomandante-marcos-11

... Repliegue zapatista. Luego de eso vino un período de repliegue y silencio, tanto de los zapatistas como de Marcos. En 2003 vuelven a la escena pública con su propuesta de los Caracoles y el buen gobierno: asociaciones de 'municipios autónomos zapatistas' (son 29) que, desde entonces, le han dado la espalda al Estado mexicano (a quien llaman el 'mal gobierno') y se han dedicado a construir una estructura autosuficiente a todo nivel: económico, de salud, de justicia y de educación. Así se han mantenido hasta hoy... (30 de diciembre de 2013)

Qué necesitamos:

- Aplicar el "efecto muégano" (cohesión).

11. Los Estados Unidos

Hablar de los Estados Unidos es muy complejo. ¿Recuerdas cuando te mencioné qué difícil es la relación entre los miembros de una familia? Pues esto es lo mismo, dado que ellos son nuestros vecinos. Cuando se habla de los Estados Unidos, los mexicanos somos de dos tipos: odiamos-envidiamos a los estadounidenses, o los amamos-admiramos. ¿De qué lado estás tú? Yo digo que cuando encontremos como sociedad el punto medio, o sea la empatía, estaremos en equilibrio con ellos, puesto que nos hemos visto beneficiados (como mucha gente alrededor del mundo) de *muuuchos* de los avances tecnológicos, en arte, en ciencia y demás, tanto de su país como de otros países. Quizá para comprender mejor esta situación debamos hacer un recuento del pasado. ¿Recuerdas la MÁXIMA RECUERDA?

http://origen-cultural.blogspot.mx/2009/06/pueblos-prehispanicos.html

Pueblos prehispánicos y sus características…

- Su economía estaba basada en la agricultura, principalmente en el policultivo de maíz, frijol y calabaza…

- El cultivo era en chinampas, caracterizado por la fabricación de parcelas flotantes… Debido a que se realizaba sobre aguas de lagos, en general se producían buenas cosechas.

- Construcción de espacios con fines ceremoniales, desde los más sencillos como Cuicuilco, hasta grandes pirámides como Chichén Itzá, Tajín, Teotihuacán, etcétera…

- Existía un grupo de especialistas en religión y ceremonias, llamados sacerdotes, quienes se encargaban del trazado de las ciudades y de los centros ceremoniales. Eran los únicos que utilizaban el calendario ritual, preservaban el conocimiento en los códices, asesoraban a los gobernantes o gobernaban ellos, también se encargaban de la educación.

- Las clases sociales eran: los nobles (sacerdotes o guerreros), los comerciantes, los artesanos, los campesinos y los esclavos.

- Mercados y mercaderes. Se utilizaban granos de cacao, mazorcas, mantas de algodón, polvo de oro, plumas de quetzal y objetos de cobre, jade, etc. como moneda, ya fuera en los mercados temporales o en los permanentes.

- El juego de pelota, llamado *tlachtli*, era toda una ceremonia religiosa, tan importante, que la cancha tenía un lugar especial en el centro ceremonial. Cabe mencionar que el juego era exclusivamente para los nobles.

- Sin duda, una de las características que tuvo un papel fundamental en la vida cotidiana de los pueblos prehispánicos fue la religión. Las deidades en su mayoría estaban relacionadas con la naturaleza (tierra, maíz, aire, lluvia, trueno, fuego, etc.), con la economía (comercio, guerra, agricultura) y con los astros (Sol, Luna, Venus, etc.), por ello se consideraba que tenían una religión politeísta.

- Eran frecuentes los sacrificios humanos para agradar a los dioses y mantenerlos contentos, pues existía la creencia de que los dioses se alimentaban de los corazones y de la sangre para mantenerse vivos.

- Poseían una escritura ideográfica, que es la representación de ideas mediante dibujos que eran pintados por los escribas con colores de origen vegetal y mineral sobre la corteza del amate, piel de venado o bien una preparación a base de penca de maguey machacada y trenzada; los libros eran dictados por los sacerdotes.

- Doble calendario, el civil de 365 días, más preciso que el que conocían los europeos, y el religioso de 260 días, que controlaban los sacerdotes y que estaba relacionado con los ciclos agrícolas, los dioses y sus festividades.

En nuestro territorio tenemos vestigios de ocupación que se remontan a más de tres mil años. Ya sabemos algo de los olmecas y también de otros como los mayas y los aztecas, básicamente poblaciones que vivían un estilo de vida propio, con gobernantes muy estrictos y un pueblo muy obediente (¿te suena?). Así vivían los nuestros cuando llegaron los españoles y nos conquistaron en 1521. Por contraste, cerca del año 1500 tenemos que los hoy estadounidenses fueron emigrantes europeos (con una sociedad más avanzada) que llegaron a América del Norte huyendo de una vida sin esperanza o bien con el deseo de hacer una mejor vida. Cuando estos vinieron, ya existían pobladores: los indios. Eventualmente los emigrantes casi exterminaron a los nativos so pretexto de que eran malos, casi bestias salvajes. Casi paralelamente los estadounidenses comenzaron a "importar" negros de África como esclavos. Personalmente, creo que es de lo más despreciable que han hecho los anglosajones. Parte del crecimiento de ese país se logró a cuestas de la mano de obra negra. Esto es, gracias a la explotación de seres humanos.

Eventualmente, los negros lograron su libertad y poco a poco han sabido pelear por sus derechos. Yo alabo mucho cómo son de unidos los negros en los Estados Unidos (afroamericanos). No dejan de sorprenderme las enormes cualidades que tienen como raza: una elasticidad tremenda, su capacidad de correr, sus bellas voces, esa bella manera de moverse, esa manera de hacer y tocar música, cómo son relajados y sonrientes y más, me da un tremendo gusto que cada día haya más negros estadounidenses que se destaquen en las áreas del saber y otras (ejemplo: presidente Obama). Yo creo que es gracias a dos cosas: que sí se les dan oportunidades y que son gente tan sana y bien alimentada y demás como cualquiera. (¿Te suena parecido esto que menciono, mi querido indio compatriota?)…

Volviendo al lado mexicano, cuando llegaron los españoles a nuestro territorio, pensaban que los nativos eran bestias salvajes sin cultura ni gobierno ni agricultura ni educación, y lo que encontraron fue una civilización en la que, además, no existían ni la pobreza ni el hambre. Gracias a ello no nos exterminaron o esclavizaron como hicieron en otros pueblos como Filipinas, sino que trataron de someternos imponiendo su religión y su modo de vida. Tanto es así, que en México primero fuimos sus sirvientes, y poco a poco fue surgiendo uno que otro nativo muy abusado que se incorporó sin problema a esa nueva sociedad. Conforme los años pasaron, fueron naciendo niños mestizos –la combinación de España y México–, y con ello la incorporación fue aumentando. Muchas cosas sucedieron para que el 16 de septiembre de 1810 se iniciara la Guerra de Independencia de España, que se logró el 27 de septiembre de 1821.

https://www.google.com.mx/search?q=mapa+de+mexico+de+1821&tbm=isch&tbo=u&source=univ&sa=X&ei=RtTzUrb9JYGGyAH6zYGoBA&ved=0CCoQsAQ&biw=1951&bih=929#facrc=_&imgdii=_&imgrc=uUyOMY08vyAEYM%253A%3BbnuXhjal2mEUOM%3Bhttp%253A%252F%252Fexploramex.com%252FImperi3.gif%3Bhttp%253A%252F%252Fexploramex.com%252FImperioIturbide.htm%3B575%3B403

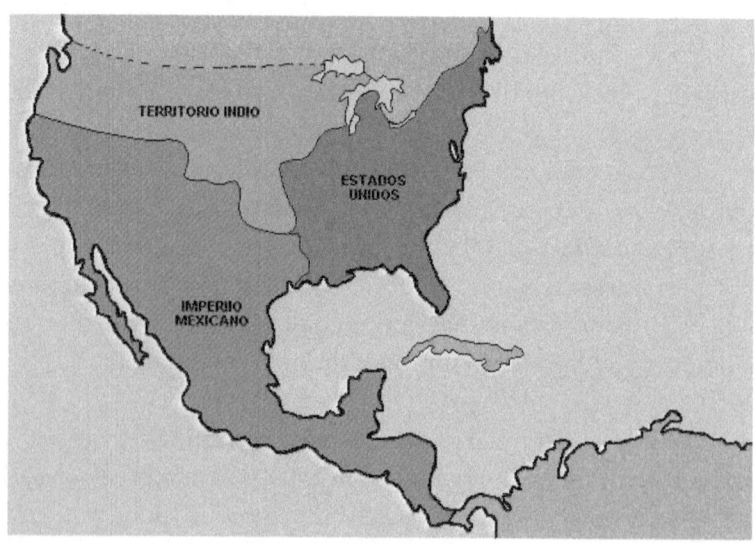

> Mapa que muestra la extensión del territorio de México al consumarse la independencia (1821). Desde Alta California y los actuales Utah y Colorado hasta Costa Rica en el Sur. 5,000,000 km² y unos seis mil kilómetros de longitud. México iniciaría su independencia, pero con el correr de sus primeros años, Centro América se separaría de México (excepto Chiapas), y los Estados Unidos nos despojarían del Norte. Sólo nos quedarían 2,000,000 km².

Para nuestra desgracia, un día los estadounidenses se dieron cuenta de que teníamos nosotros un gran territorio y que gran parte de este estaba prácticamente deshabitado. Entonces los estadounidenses pusieron un pretexto para invadirnos, provocar una guerra a sabiendas de que ellos ganarían, y ¡bum!, se adueñaron de la mitad de nuestro territorio (1848). Claro, aquí los ayudó mucho que nosotros tuviéramos al mando del país a la peor escoria: Antonio López de Santa Anna.

Esta es una verdad que ya muchos estadounidenses reconocen, incluso yo vi un documental en *Discovery Channel,* en el que un historiador estadounidense lo reconoce así, pero de ninguna manera lo reconocerán en masa jamás, simplemente porque no les conviene. ¿Te los imaginas devolviéndonos nuestro territorio? Mejor se olvidan, ¿verdad? Como muchos de nosotros, ¿verdad? ¿Pero qué tal el *shopping*?, ¿eh?...

Por estos años y los que siguieron, los Estados Unidos ni volteaban a vernos porque estaban sumergidos levantando un país próspero, con nuevas tecnologías y muchos trenes y carreteras para comunicar a "su" país entero.

Desafortunadamente, en México fue aumentando la desigualdad extrema. Por un lado, estaban los ricos, que querían imitar el estilo de vida europeo despreciando lo local y lo autóctono; y por otro, mucha hambre y pobreza. En estas andábamos cuando se dio la Revolución Mexicana, que fue un movimiento auténtico, pero que nos costó muchas vidas (más de un millón de personas de los 15.2 millones que éramos entonces) y duró más de 20 años (1910-1934). La elección del general Lázaro Cárdenas en 1934 cambió la política en la nación. Cárdenas derrocó a Calles y desarrolló un plan sexenal para modernizar al país. Él distribuyó más tierra que ninguno de sus predecesores juntos, construyó escuelas rurales, nacionalizó la industria del petróleo y dio poder a los sindicatos.

Otra verdad es que por ese entonces los estadounidenses descubrieron los beneficios de ser invasores y el poder que les otorgaba tener armamento con tecnología de punta. Así fue como surgieron los estadounidenses como una economía de guerra y actúan como si fueran una Armada del Mundo. Claro, hoy en día invaden países con el pretexto de ayudar contra sus enemigos en favor de la libertad y la democracia... Han hecho cosas tan malas como las bombas atómicas que lanzaron en Japón y que mataron mucha gente inocente; ese enorme error llamado Guerra de Vietnam, que tuvo terribles consecuencias; los desajustes sociales que lograron al apoyar guerrillas en América Central, cuyo resultado fue muerte y devastación; ese fregar continuo contra Cuba porque no han podido con Castro y su comunismo, etcétera...

Mira lo que recién hicieron en Irak. La ONU jamás encontró armamento nuclear en ese territorio, y así lo declaró al mundo; sin embargo, con todo y eso, los Estados Unidos invadieron Irak ¡¡¡*quesque* porque tenían armamento nuclear!!!Ahora están echando el ojo a Irán, y todo porque son países ricos en petróleo, algo que los Estados Unidos casi no tienen (las cantidades probadas de este país son pequeñas, aunque entiendo que tienen grandes reservas de Shell). Amén de que al "entrar en guerra" con un país y ganarle (¡que otra si tienen el armamento más sofisticado del planeta!), tienen derecho a administrar dicho país ($$$$$). Con ello, no sólo ganan los Estados Unidos por el costo de la guerra que cobra al país perdedor (su costo por intervenir, por su armamento, sus barcos hundidos, sus aviones derribados, etc.), sino que gana también los contratos de obra para la reconstrucción del país perdedor... ¡¡¡y lo peor es que no hay quién lo pare!!! Francia lo intentó cuando ocurrió lo de Irak, y le fue mal con las represalias que tomó el gobierno estadounidense...

Por eso, yo digo que qué bueno que está surgiendo la Unión Europea. A mi entender, si hay dos fuerzas igualmente grandes, una de ellas no abusará por exceso de poder "y que el resto del mundo se friegue". Puedo seguir dando ejemplos del abuso del poder estadounidense y el daño que han causado al mundo... Aunque sí, quiero agregar algo, y es sobre el mundo financiero y la bolsa de valores, yo no puedo sino desconfiar por cierto "manoseo". Últimamente se ha hablado mucho de agencias como Goldman Sachs y otras. Muchas veces me cuestiono cómo es posible que los Estados Unidos caigan en crisis, cuando es el país más rico del mundo...

Cierto, los estadounidenses han aportado grandes cosas al mundo y son tremendamente abusados, y han sabido llevar su economía. Ellos producen todo lo que pueden con lo que tienen y lo que no tienen. Ellos consiguen tener las mejores mentes; si no las tienen, las repatrían y les dan nacionalidad estadounidense (Albert Einstein, por ejemplo), o bien dan oportunidad de realizar el sueño americano (como fue el caso de Steve Jobs, Bill Gates y Zuckerberg, entre otros). Todo lo hacen conscientes de que si no lo hacen, son vulnerables a perder su hegemonía mundial. ¡Han sabido desarrollar tecnología en telecomunicaciones, maquinaria industrial, farmacéutica y robótica, y Hollywood! ¿Y qué me dices de la Coca Cola? Aunque casi no la consumo, yo amo esa marca, por todo lo que significa: imagínate, vender millones de millones, ser el refresco más vendido del mundo, el más bellamente publicitado, y llegar hasta los rincones más recónditos, cuando se trata de un producto que NADIE NECESITA Y QUE ES NOCIVO PARA LA SALUD (lo que están realmente vendiendo es agua con gas, sabor artificial y *muuucha* azúcar).

Pero todas estas industrias estadounidenses **crean riqueza** y dan a los Estados Unidos una ventaja competitiva a nivel mundial...

Nosotros, los mexicanos, vivimos hoy en día peleando porque les den trabajo a nuestros braceros y porque exista una ley de inmigración. Cuando vas a Acapulco, ves en los mercados la misma artesanía de hace 20 años y la pobreza es la misma, por cierto. Mientras tanto, los estadounidenses están desarrollando naves espaciales que les permitan traer materiales de Marte, así como otras naves que lleven turistas a conocer la estratósfera; satélites mediante los que se pueda poder explorar el planeta y ofrecer comunicaciones más económicas; medicamentos que curen el cáncer y el sida, otros que nos mantengan sanos y jóvenes; modos de clonar un ser humano, etc., etc. Esto es como para llorar, ¿verdad?...

Bueno, pues, te diré. Es cierto que los estadounidenses nos llevan años luz de ventaja. Pero al menos nosotros no tenemos los grandes problemas que ellos tienen, como la drogadicción, que no es posible detener en el país norteamericano. Otros de los problemas que tienen son: vivir con temor de perder lo que tienen, ya sea por un ladrón, o por extranjeros (por ello la tenencia indiscriminada de armas); el libertinaje de mucha gente, debido a los limitados valores morales y al desapego de la familia; la idolatría del consumo y del dinero, etc. Para los estadounidenses, "desarrollo" significa armamento-poder-tecnología-conocimiento, y lo básico... Yo creo que para nosotros, "desarrollo" es simplemente 'tecnología, conocimiento y lo básico' (mejor dicho: lo básico, conocimiento y tecnología). A nosotros solo nos falta voluntad para ser un mejor país sin los extremos estadounidenses, pero es solo eso, querer salir adelante, ¿tú quieres?

La economía estadounidense está basada principalmente en la producción de artículos de gran especialización, porque son los que dejan mayores utilidades, simplemente porque solo pocos alrededor del mundo saben cómo hacerlos y porque requieren de enormes capitales (mucho dinero) que ellos sí tienen. Otro de los rubros de su economía es el financiero, en el que se han puesto a la tarea desde ya hace muchos años, mediante la colocación de préstamos en países tercermundistas, lo que les reditúa enormes ganancias. Además, tienen Wall Street, que también mueve muchísimo dinero... Últimamente, so pretexto de la globalización, han tenido carta blanca para entrar a países como el nuestro y ya nos están desbancando en nuestra propia tierra. Ahora son dueños de negocios como supermercados, bancos y aseguradoras, y hasta han invadido el mercado de bienes raíces y de construcción, mercados que hasta hace algunos años eran mayormente de mexicanos en su propio territorio.

Hollywood es una mega industria que a nivel mundial les deja millones y millones y millones de dólares... A ver, dame el nombre de las tres últimas películas estadounidenses que viste... Bueno, ahora dame el nombre de las tres últimas películas mexicanas que viste... Por favor, no menciones *Nosotros los nobles*, porque esa película es un garbanzo de a libra. En México, por cierto, hay talento *a mares*. De lo más destacable son las obras de teatro, las telenovelas (algunas) y "El chavo del ocho"...

Bien abusados, los estadounidenses tejieron en su mente el "estadounidense promedio", y es el que le han vendido al mundo (son los maestros de la mercadotecnia). Hoy en día tú juras que este es el estadounidense promedio: alto, güero-*ojoazul*, atlético, guapo, inteligente y bueno. Igual han hecho con sus viviendas, sus ciudades, sus bosques. La ironía es que si esto no era una realidad hace unos años, resulta que ya se va acercando, porque es tanto el dinero que les ingresa –por Hollywood, aeronáutica o lo que sea–, que bueno, recaudan más impuesto y con esto tienen de todo lo mejor: casas, calles, ciudades, etc. ¿¿¿Lo entiendes???

No hay que ser mago para vislumbrar la fórmula de Hollywood: belleza femenina, belleza masculina, bellos cuerpos, bellas casas, bellos lugares, cuidado de todos los detalles, excelente fotografía, escenografía, sonido, maravillosos efectos especiales, excelentes actores y directores y guionistas, *muuuuucho* talento, mucho dinero invertido en publicidad y en distribución (como la Coca Cola), entre otras cosas. Sin embargo, no vemos mucho así de bueno aquí... ¿Sabes? Cuando veo en nuestro país los muros de las fachadas y las puertas de las casas pintarrajeados con grafitis, no veo a los causantes como ociosos maleantes (aunque sí: primero los maldigo), sino como artistas frustrados por falta de oportunidades... ¡¡¡Mira qué estamos haciendo con el fabuloso ingenio nuestro!!!... ¿Dónde están, por ejemplo, las caricaturas mexicanas hechas en realidad virtual por mexicanos? ¡No me digas que no podemos hacerlas! ¡No me digas que no podemos crear personajes bellos como Popeye, la Cenicienta, Pinocho, Mogli o lo que se te ocurra!

Mira todo lo que consumimos de los estadounidenses y de otros países, que podríamos producir nosotros mismos, aunque solo fuera por el placer de hacerlo, es decir, por el beneficio de emplear a nuestra gente. Te puedo mencionar servicios varios como hotelería, telefonía y mensajería. También, servicios financieros y comercios como *shoppings centers* (plazas comerciales), minisupermercados (Oxo y otros), cafés (Starbucks) y centros de entretenimiento como Six Flags, Cinemex, etc. Otros negocios como los que venden ropa de marca, zapatos, accesorios... No me digas que todo esto no lo podríamos hacer nosotros... Nomás nos falta... nomás nos falta voluntad... Voluntad para estar dispuestos a producir y a consumir lo que producimos. Entiende esto: **todas las sociedades somos malinchistas:** estadounidenses, rusos, franceses, la que quieras mencionar. La única razón por la que estas sociedades están dispuestas a consumir lo propio es por conveniencia:

Solo si el producto que produce tu vecino-compatriota es de calidad y está a buen precio, al parejo o mejor que el alemán o el chino o el que sea, es que tú estás dispuesto a comprarlo. Así que, *en iguales condiciones*, sí pones tu dinero en los productos hechos en tu país, porque comprarlos te crea un sentimiento de orgullo y de pertenencia que no tiene precio.

Hace algunos años me enteré en las noticias que los estadounidenses nos están enviando basura radioactiva (gobierno de Fox). Estos son materiales de desecho de sus plantas de energía nuclear y de otros lados. Las compañías que tienen estos contratos para recibir esta basura, que viene empacada en botes grandes, la entierran en el suelo a cierta profundidad. El problema con esta basura es que no se destruye, y como es radioactiva, existe la posibilidad de que contamine nuestro suelo, el agua y el medio ambiente y nos cree enfermedades incurables. Ahora también nos están mandando sus coches chocolate. ¡Oí por la radio (2007) que podrían enviar mensualmente hasta un millón de carros usados!… Nomás no entiendo. Todavía peor, estamos ya en 2013 y seguimos exportando en mayor grado productos básicos (petróleo, piedras preciosas y de otras minas, vegetales y frutas, etc.), cuando mientras que, en cambio (?) importamos productos terminados (autos, plásticos, computadoras, equipo y maquinaria, etc.). Es sencillamente devastador.

Para que te des una idea de lo importante que es producir para un país, debo hablarte de Bretón Woods. Hasta los años setenta el mundo se regía por el valor oro. Esto es, según el oro que los bancos centrales guardaban en sus bodegas era el valor de su moneda.

Este sistema tenía sus pro y sus contra. La parte lógica era que si un país estaba produciendo (jitomates, radios, abrigos, aviones, etc.), podía invertir sus excedentes en oro. Entonces el banco compraba más oro, que pagaba con ese dinero, y el país en sí era entonces más rico y con una moneda más fuerte. El punto flaco del sistema era precisamente el guardar tanto oro en bodegas, ya que ese mismo oro podría utilizarse a su vez en otra cosa. Otro punto flaco del sistema era que en teoría si un país tenía superreservas de oro porque tenía muchas minas de ese metal, entonces era rico *per se*, sin importar si producía artículos o no, y por consiguiente tendría una moneda fuerte.

Por ello, los Estados Unidos un día amanecieron y dijeron que a partir de ese momento su dólar valdría un dólar, sin importar las reservas de oro, puesto que su moneda era tan buena como su producción. Es decir, que su moneda ya no estaría soportada por el oro sino por su producción. Esta decisión fue unilateral (¿te extraña?), y muchos países se enojaron, pero como los Estados Unidos ya eran la superpotencia que es hoy en día, no pudieron hacer *naaada*. Esto te lo platico para que te fijes en dos cosas. Una, la actitud prepotente-unilateral de los Estados Unidos; y la otra, la importancia que hoy en día tiene para cualquier país **¡PRODUCIR!**...

Todavía hace algunas décadas, México estaba produciendo cierta gama de artículos. Entonces surgieron acuerdos de libre comercio. Hoy la situación es aún más diferente porque durante los últimos años han estado proliferando los puestos ambulantes llenos de fayuca ilegal. En Corea del Sur (un pueblo muy trabajador), en los años ochenta podías comprar sólo algunos productos con los ambulantes (y eran caros), porque la Policía sí estaba a cargo. Por supuesto, a ti como ciudadano te encantaría comprar y tener estos artículos, pero eran realmente prohibitivos. Hoy ves a los coreanos vendiendo alrededor del mundo, entre otros, productos LG, autos y barcos.

En cambio, en esta ciudad capital cada día son más y más, ya no sólo pedazos de banqueta, sino muchas calles completas "ganadas" por los ambulantes. Todos sabemos que existen líderes y lideresas que "venden" el derecho de banqueta. Nunca nos enteramos de a dónde se destina el dinero, pero sabemos que esa gente se ha vuelto millonaria, y que además han creado verdaderas mafias alrededor de esto. Porque por el favor que reciben los ambulantes, tienen, a cambio, que apoyar al partido político en todas las manifestaciones y relajos que se les demande, o bien se les quita su derecho de banqueta. Igual sucede con los taxistas tolerados (muchos de los cuales han resultado ser maleantes), también están los del Grupo Francisco Villa, los macheteros de Atenco, y otros revoltosos como los porros de las universidades.

Los puestos ambulantes han crecido en número, como también han crecido los artículos de fayuca ilegal en nuestro país, de todas clases y tipos. Tuve un alumno que era dueño de una fábrica de telas. Resulta que después de tres generaciones produciendo telas, generando empleos, pagando impuestos, tuvieron que cerrar porque quebraron. Les salía más barato comprar telas en China y traerlas a México que producirlas en México… ¿Te suena bien esto?… Nos estamos convirtiendo en un país de compradores sin productores propios. ¿Entiendes a dónde nos puede llevar esta situación? Algo que haría un buen gobierno es ayudar con subsidios a los fabricantes mexicanos en peligro de extinción, de modo que se mantengan el conocimiento y la especialización vigentes, porque cuando se pierden cuesta carísimo restablecerlas, aparte de que supone el sacrificio de mucha mano de obra calificada que, júralo, vivió en la desesperanza.

Cuando los países árabes comenzaron a explotar su petróleo y venderlo a otros países, tuvieron un excedente de dinero como nunca antes. Ellos decidieron ponerlo a trabajar en inversiones, entre otras, en dólares, como si fueran ahorro, en bancos estadounidenses principalmente. Los bancos estadounidenses, por supuesto, muy felices aceptaron estos ahorros de los árabes. Pero esto les creaba la obligación de colocar este dinero de los árabes en inversiones para pagarles el interés ganado más la utilidad del banco y, ¿qué crees?, empezaron a prestar dinero a América Latina y a aquellos países que podían garantizar el pago de los créditos. Por aquellos días resulta que México descubrió sus reservas probadas de petróleo y que resultaron ser enormes. Entonces los bancos estadounidenses y el Interamericano de Desarrollo inundaron México con préstamos, sin importarles en qué se utilizarían dichos recursos, y quizá a sabiendas de que tenemos muchos políticos y burócratas corruptos. ¡Pero esto no era su trabajo! El resultado fue el crecimiento desmedido de la deuda externa mexicana, que según entiendo no se puede pagar por adelantado, sino que hay que cumplir con los períodos del préstamo. Esto es muy malo, porque significa que estamos obligados a pagar y pagar y pagar intereses sobre el préstamo, aunque tuviéramos hoy el dinero para pagar el capital...

http://eprints.ucm.es/6970/1/Deuda_externa.pdf **DICIEMBRE DE 2003**

[Resumen recopilado en forma de tabla:]

AÑO	OBSERVACIONES	MONTO ACUMULADO DE LA DEUDA EXTERNA
	Primer período: reconocimiento de la deuda.	
1821	Juan O'Donojú, jefe político de la Nueva España, firmó el Tratado de Córdoba, mediante el cual España reconocía la independencia de México, y México reconocía la deuda.	300,000 pesos.

1823	Con la Casa Goldschmidt y Cía. de Londres.	8,000,000 de pesos.
1824	Con la Casa Barclay Herring Richardson y Cía.	16,000,000 de pesos.
1827	Guadalupe Victoria, primer presidente de México; por vez primera, México suspende el pago de intereses de la deuda externa y se mantiene así por cuatro años consecutivos.	(no hay cifra)
1831	Se reanudan algunos pagos, pero más tarde, ese mismo año se estableció la moratoria, la cual se prolongó hasta 1851.	(no hay cifra)
1831	Anastasio Bustamante.	34,000,000 de pesos
1837	Anastasio Bustamante.	46,000,000 de pesos.
1846	Valentín Gómez Farías.	51,200,000 de pesos.
1857	Debido a que México se había declarado en moratoria tres años atrás, Francia, España e Inglaterra envían sus buques de guerra para presionar al gobierno a fin de que pague. Para ese momento la deuda con estos países era la siguiente: con Inglaterra, 69.994.542 pesos; con Francia, 2.860.762; y con España, 9.460.986.	(no hay cifra)
1864	Francia interviene en el país, ocupando la ciudad y colocando a Maximiliano como emperador de México, quien desde su llegada se dedica precisamente a pedir préstamos. Esta situación originó que la deuda externa se disparara, y que de 65 millones de pesos, que era el monto en 1863, en sólo un año pasara a triplicarse.	(no hay cifra)

1865	Al mismo tiempo que Maximiliano pactaba con Francia préstamos a cargo del erario mexicano, el presidente Benito Juárez, quien se desplazaba con su gobierno, pactó también un préstamo con los Estados Unidos por 2.6 millones de dólares.	(no hay cifra)
	Segundo período: la deuda ferrocarrilera.	
1880	Con Porfirio Díaz se emitieron nuevas obligaciones por un total de 18.5 millones de dólares.	(no hay cifra)
1890	Durante la última década del siglo XIX, con Díaz en la presidencia,	126,900,000 pesos.
1898	Porfirio Díaz.	350,000,000 de pesos.
1905	Porfirio Díaz.	316,300,000 de pesos.
11910	Finalmente, a la salida de Díaz de la presidencia.	578,000,000 de pesos.
	Tercer período: la deuda externa en la postrevolución.	
1913-1942	En 1911, el general Victoriano Huerta da un "cuartelazo" o golpe de Estado y toma el poder. Dos años más tarde, en materia de deuda, declaró la moratoria, y se inició así un largo período de suspensión de pagos que se mantendría hasta 1942. En el período comprendido entre 1914 y 1946, los presidentes que gobernaron fueron generales, quienes redujeron el monto de la deuda sin necesidad de pagar ni amortizaciones ni intereses.	(no hay cifra)
1952	A partir del sexenio de gobierno del presidente Miguel Alemán, continúa el viraje hacia la dependencia exterior.	346,000,000 de dólares.
1958	Durante el gobierno del presidente Adolfo Ruiz Cortínez	602,200,000 dólares.

11964	Adolfo López Mateos, la deuda externa casi se triplicó.	1724,000,000 de dólares.
1970	Gustavo Díaz Ordaz, elevó la cifra de 4.000 millones de dólares que sumados a los 2.000 millones de deuda privada sumaban alrededor de 6.000 millones de dólares.	6000,000,000 de dólares.
1976	Para el sexenio de Luis Echeverría Álvarez, el endeudamiento público externo se desbordó al alcanzar la cifra de 20.000 millones de dólares, que sumados a los 10.000 millones de deuda del sector privado daban un total de cerca de 30,000 millones de dólares.	30,000,000,000 de dólares.
	Cuarto período: la deuda petrolera	
1982	De 30,000 millones, en que la había dejado la administración anterior, a 83.000 millones de dólares. No cabe duda de que los gobernantes ignoran la memoria histórica, porque el fracaso de la estrategia petrolera de López Portillo se olvidó rápidamente, a pesar de haber sido un hecho perjudicial en la política comercial.	83,000,000,000 de dólares.
1988	Su sucesor, Miguel de la Madrid Hurtado, puso en marcha un programa basado también en el hidrocarburo, por lo que el país continuó dependiendo en alto grado de la empresa Petróleos Mexicanos (PEMEX) y solicitando más créditos al exterior.	100,000,000,000 de dólares.
	Quinto período: la deuda bancaria	
1994	Fue con Carlos Salinas de Gortari (1988-1994) cuando los bancos se privatizan. El Estado los entrega, además, nueva y totalmente saneados, sin deuda. Al finalizar esta administración, el monto de la deuda alcanzó la cifra de 140,000 millones de dólares. Sólo en este sexenio se pagaron 50,000 millones de dólares en concepto de intereses.	140,000,000,000 de dólares.

2000	Con Ernesto Zedillo se produjo uno de los más grandes escándalos en la historia financiera de México. Durante su gobierno se creó el Fondo Bancario de Protección al Ahorro (FOBAPROA) como una medida para brindar respaldo financiero a los banqueros. Sin embargo, estos se excedieron en el uso del fondo, de manera que este se incrementó y alcanzó la cifra de 67.000 millones de dólares. Esta situación originó que el titular del Poder Ejecutivo (presidente) propusiera al Poder Legislativo (Cámara de Diputados) que los pasivos de los bancos fueran convertidos en deuda pública, bajo el argumento de que si no lo hacían, la economía del país podía venirse abajo. Tras un polémico debate y negociaciones entre los distintos partidos que integran la Cámara de Diputados, se aprobó la propuesta. Nuevamente se rescataba a los banqueros, y la deuda privada pasaba a ser pública. Zedillo terminó su mandato en el año 2000, y con él finalizó otro siglo de historia de México, en el que uno de los elementos principales en la política económica fue: la deuda externa.	(no hay cifra)

Reflexiones finales

1. Los siglos XIX y XX en la historia de México se encuentran acompañados por el endeudamiento externo. En este tiempo el monto de la deuda se incrementa cada vez más, sin que se perciba en el horizonte alguna solución, por lo que se inicia un nuevo milenio acompañado de esta carga financiera.
2. La deuda externa ha tenido distintos efectos para este país. En lo interno, ha sido motivo de inestabilidad polí-

tica, de crisis económica, de recortes en el presupuesto, de luchas internas, de insatisfacción de las necesidades básicas, en definitiva: echó por tierra los principios sociales emanados de la Revolución Mexicana. En lo externo, ha generado conflictos diplomáticos, así como una mayor intervención en la política y en la economía de parte de los organismos financieros internacionales, lo que provocó a su vez una mayor dependencia del exterior.

3. Mientras exista el problema de la deuda externa, el Estado mexicano no podrá contar con finanzas públicas sanas y equilibradas, por lo tanto no podrá alcanzar las metas de su gobierno. Paradójicamente, las demandas ciudadanas se incrementan, mientras que los recursos públicos disminuyen.

4. Los principales acreedores de México son: a) los organismos financieros internacionales: Banco Mundial, Fondo Monetario Internacional, Banco Interamericano de Desarrollo; b) gobiernos extranjeros; y c) bancos privados de distintos países del mundo.

5. Decían los antiguos que riqueza y libertad son dos condiciones para que un Estado pueda considerarse como tal. Cuando se carece de recursos y se tiene que depender de otro, se pierde la libertad. La deuda externa implica para el deudor una salida constante de recursos, que frena e impide su desarrollo, mientras que para el acreedor es un poderoso instrumento de dominación y de control.

6. La historia de México demuestra que los mexicanos no han aprendido a vivir de manera independiente, lo que equivale a decir que México nunca ha podido vivir sin deuda.

http://biblioteca.iiec.unam.mx/index.php?option=com_content&task=view&id=15687&Itemid=146

México acumula deuda externa de manera acelerada:

Coutiño (*El Financiero* 20/01/12)

Eduardo Jardón

Viernes, 20 de enero de 2012

(...)

Según sus cálculos, el total de la deuda externa de México casi se duplicó en la presente administración, ya que pasó de 107 mil millones de dólares a finales de 2006, a casi 200 mil millones en 2011.

(...)

De acuerdo con cifras de la Secretaría y Hacienda y Crédito Público, de finales de 2008 a septiembre de 2011, la deuda total externa del país creció un 99%. [Texto aumentado de tamaño por la que escribe]

(...)

http://www.forbes.com.mx/sites/crecimiento-desmedido-de-la-deuda-publica/

marzo 25, 2013

Si bien México no tiene los problemas fiscales que sí tienen las naciones desarrolladas, es verdad que hoy en día nuestro país tiene la deuda pública más alta de su historia, lo cual puede no representar un problema en el presente con tasas de interés bajas, pero sí puede serlo una vez que éstas aumenten dentro de uno o dos años.

De acuerdo con cifras publicadas por el Banco de Información Económica (BIE) del Inegi, al mes de **diciembre de 2012** la deuda neta total del sector público ascendió a 5222 billones de pesos (bdp), de los cuales 3634 bdp correspondieron a deuda interna, y 1588 bdp fueron deuda externa. Cabe señalar que estas cantidades son considerablemente más altas que las observadas en diciembre del año 2006, mes en el que la deuda neta total del sector público sumó 1697 bdp, de los cuales 1172 bdp fueron deuda interna, y apenas 0,525 bdp eran deuda externa.

Así, en un plazo de seis años, la Administración de Felipe Calderón aumentó la deuda total en 207.7%, la deuda interna en 210.1%, y la deuda externa en 202.2%. Desde luego que estos porcentajes de incremento son descomunales, sobre todo si se considera que la inflación en el período fue de apenas 28.5%.

Claro que a muchos no les preocupa el incremento desmedido de la deuda pública en México porque éste se dio en un contexto de disminución en las tasas de interés tanto domésticas como externas, por lo que los pagos por el servicio de la deuda no se han disparado; pero el problema permanece latente y se agravará una vez que las tasas de interés aumenten.

Para poner las cosas en contexto, tomemos en cuenta lo siguiente: una buena referencia del costo que paga el gobierno federal por sus colocaciones de deuda nos la danlos Certificados de la Tesorería, conocidos coloquialmente como cetes. Así, en diciembre de 2006 la tasa de interés de los cetes a plazo de 28 días fue de 7.04% anualizado, mientras que la tasa de los cetes a 91 días fue de 7.16%. Por su parte, en diciembre de 2012 la tasa de interés de los cetes a 28 días fue de 4.05%, y la de los cetes a 91 días fue de 4.21%.

Esto nos permite inferir de forma simplista que en el período de 2006 a 2012, la tasa de interés que paga el gobierno federal por su deuda interna disminuyó en 42.5%, por lo que el aumento en la deuda interna de 210.1% no se ha sentido presupuestalmente en el gobierno federal por los ahorros en tasa.

Y la cuestión de la deuda externa también ha tenido un beneficio, ya que las tasas de interés de los países desarrollados han bajado de forma sustancial en el periodo en cuestión, lo que ha permitido obtener créditos con el sistema bancario de dichos países a tasas más bajas y de igual forma ha permitido que las colocaciones de deuda nacional en otras divisas sea también a tasas más bajas.

A este respecto, como ya lo mencioné, el riesgo para las finanzas federales es que suban las tasas de interés en uno o dos puntos porcentuales tanto en México como en el resto del mundo, ya que eso obligaría al gobierno a refinanciar sus adeudos de corto plazo a un costo mayor. Y es que con una deuda de 5.222 billones de pesos, pues un aumento de un solo punto porcentual en la tasa de interés se ve reflejado en un costo financiero mayor en 52.2 mil millones de pesos al año.

Para finalizar, es muy importante hacer hincapié en el hecho de que si bien México no tiene los problemas de endeudamiento que tienen los Estados Unidos y los países de la Unión Europea, el ritmo en que ha aumentado la deuda es muy preocupante, y por lo tanto se le debe poner un freno. En ese sentido, es digno de aplaudir que el Paquete Fiscal 2013 que envió el Ejecutivo Federal y que fue aprobado por el Congreso no contempla déficit fiscal, con lo cual no tendría por qué seguir creciendo la deuda pública nacional.

Esperemos que para el nuevo gobierno federal el equilibrio en las finanzas públicas sea una prioridad y si hay contratación de deuda, que ésta sea utilizada en proyectos importantes de infraestructura que eleven la competitividad del país, y que no sea utilizada para compensar el aumento desmedido que se observó en el gasto corriente en el pasado sexenio.

http://datos.bancomundial.org/indicador/DT.DOD.DECT.CD
© 2014 The World Bank Group, All Rights Reserved.

Deuda externa acumulada, total (DOD, US$ a precios actuales)

La deuda externa total es el monto adeudado a los no residentes, que se reembolsa en divisas, bienes o servicios. La deuda externa total es la suma de la deuda a largo plazo pública, con garantía pública, y privada no garantizada, el uso del crédito del FMI y la deuda a corto plazo. La deuda a corto plazo incluye toda la deuda con un vencimiento original de un año o menos y los atrasos en los intereses de la deuda a largo plazo. Datos en US$ a precios actuales.

Banco Mundial, Flujos Mundiales de Financiamiento para el Desarrollo.

Fuentes Indicadores del desarrollo mundial

MÉXICO:

2009	2010	2011	2012
199,806,819,000	243,635,379,000	286,382,367,000	354,896,871,000

http://www.jornada.unam.mx/2014/05/09/politica/003n1pol

En el transcurso de 2013 se incrementó en 2 billones 372 mil millones de pesos [2372 000,000,000]

En diciembre pasado, la deuda pública llegó a más de 8 billones de pesos. El monto de los compromisos casi alcanza el 50% del PIB, revela informe enviado a San Lázaro.

ENRIQUE MÉNDEZ Y ROBERTO GARDUÑO

Periódico *La Jornada*

Viernes 9 de mayo de 2014, p. 3

La deuda bruta del sector público federal se incrementó en el transcurso del año 2013 en 2 billones 372 mil millones de pesos. Esa notable cifra, sumada al endeudamiento ya existente (6 billones 260 mil millones), alcanzó en diciembre pasado un total de 8 billones 633 mil millones de pesos.

Qué necesitamos:

- Unirnos: ¡hagamos Patria!

12. Resto del mundo

Ahora me toca hablar, entre otros países, de España. Los mexicanos tenemos una relación de amor-odio con los españoles, aunque creo que ya se va volviendo empatía gracias a que no son nuestros vecinos. Por alguna razón, que yo sé cuál es, muchos mexicanos no solo se enorgullecen de su herencia española, sino que se jactan de serlo. Personalmente, a mí los españoles me caen bien. Estoy muy agradecida de tener su idioma, porque es de abundante léxico y genial. También lo estoy por tener una religión de herencia española, así como de la forma de vida que llevamos hoy en día. Me gusta la idea de ser mestiza. Pero no veo a España como la madre patria. Más bien la veo como mi patria madrastra (o subrogada quizá). Creo que no estoy en deuda con los españoles por estas herencias, puesto que ellos ya se cobraron, y con creces. Pero, insisto, estoy agradecida.

A pesar de que yo admiro enormemente a la sociedad alemana, no puedo dejar de mencionar lo que ellos hicieron durante la Segunda Guerra Mundial al pueblo judío. Mucha gente inocente fue asesinada de una manera espantosa. Esto en mi opinión es quizá uno de los eventos más despreciables que hayan ocurrido en la historia de la humanidad.

Uno de los países que más admiro, por su gente, es Francia. ¡Tienen tantas cosas buenas! Cuando pienso en su pasado, pienso en la Revolución Francesa, con sus grandes líderes y su gente tan decidida a querer algo mejor. Esos mismos franceses además se encargaron muy bien de heredarles esos objetivos a sus descendientes: Napoleón, tan grande a pesar de ser un hombre pequeño (medía 1.65 m, y por ello su frase –y mi favorita–: "La altura (de una persona) se mide de la cabeza para arriba"); Víctor Hugo y Emile Zolà y esos hermosos libros suyos; el presidente Charles de Gaulle, tan nacionalista. El amor de esta gente por la cultura y la estética. Ese garbo y ese orgullo. Ese actuar de sociedad avanzada que reconoce que ya no se puede vivir invadiendo países para enriquecerse a su costa. Sí, afortunadamente Francia ha abandonado esta actitud que en el pasado le dio mucha riqueza gracias a las invasiones en Asia, África, algunas islas y Europa misma. Una de las últimas cosas muy dignas que hicieron fue retirarse de Vietnam y luego de Argelia. No me cabe la menor duda de que es gracias a ese nacionalismo suyo que han prosperado tanto como sociedad. Ya no conocen la pobreza y cada rato están peleando por sus derechos, aunque quizá ya están exagerando un poco también. Hoy en día el peligro en Francia es que los capitales emigren por el desacuerdo con los trabajadores con los empresarios en cuanto a sus ganancias por capital y la inmigración ilegal a su país (que por cierto es un problema en todo país desarrollado). Pero con todo, míralos hoy produciendo aviones, moda, telecomunicaciones **y sobre todo: turismo**.

Los franceses han sabido *muuuy* bien venderle al mundo boletos para echar una mirada a su país. Saben muy bien que tienen cosas bellas por todos lados y siguen produciendo belleza y saben que la gente de mundo busca siempre acercarse a ella. La belleza es como un imán. Lo grotesco es un repelente. Yo tenía un colega, alto, fornido tirando a gordo, moreno-prietito, poco atractivo, pero siempre andaba muy bien vestido, perfumado y con un andar de señor. Él siempre me decía "Conmigo no se respira pobreza"...

Si pensamos en los países ricos, todos quizá han tenido algo en común: han sido invasores. Han invadido a otros con el propósito de hacerse ricos. Estados Unidos, España, Francia, Portugal, Inglaterra, Alemania, Holanda, Dinamarca, Italia, etc. Son países que han probado la guerra y han sido pueblos guerreros sabiendo que la victoria les traería riqueza al costo que fuera. Esto es, jamás les importó a cuánta gente mataban en el proceso. Jamás les importó que el pueblo invadido pudiera defenderse o no. Actuaban con la mentalidad de "yo te invado antes de que tú siquiera pienses en hacerlo". Casi todos ellos ya han cambiado su actitud, y esta es similar hoy en día a Francia. Aunque si bien la actitud de estos países ha cambiado, también ha evolucionado. **Hoy en día la intromisión en cualquier país es por medio de productos (hoy lo llaman "globalización")**. Mira a Sony vendiendo televisores en todo el mundo. Volkswagen vendiendo autos, Phillips vendiendo focos, etc. Las utilidades que obtienen todas las transnacionales son inmensas, y los más beneficiados son los países de origen de estos productos, NO LOS DE LOS COMPRADORES (México) SI ESTOS (México) TIENEN BALANCE COMERCIAL NEGATIVA EN **PRODUCTOS SIMILARES** (más importaciones que exportaciones).

www.frenteendefensadewirikuta.org/?p=1153

http://www.m-x.com.mx/xml/pdf/256/30.pdf

Canadá se lleva el oro de México

Poco conocidas y con una reputación más favorable que las de sus similares de los Estados Unidos, un grupo de seis firmas mineras de Canadá controlan el 70% de la explotación de oro en México y poseen en territorio nacional reservas de ese metal con un valor total de 83 mil millones de dólares…

El caso de Goldcorp, con sede en Vancouver, lo ilustra claramente: por la ocupación de poco más de mil hectáreas de Carrizalillo, Guerrero, en donde se ubica la mina Los Filos, paga a la comunidad 55 millones de pesos al año.

Pero los ingresos que obtiene en el mismo tiempo por la extracción de oro no tienen comparación: 4742 millones de pesos.

Por Mónica Cruz / enviada mcruz@m-x.com.mx

Fotografías: Christian Palma

> Por favor, lee este artículo.
>
> http://revistaminera.wordpress.com/2010/04/29/minera-canadiense-encuentra-en-mexico-gigantesca-veta-de-oro/
>
> Minera canadiense encuentra en México gigantesca veta de oro
> Publicado el 29 abril 2010|1 Comentario

> http://t.noticias.prodigy.msn.com/negocios/aseguradora-mapfre-gana-187percent-m%c3%a1s-en-2013-1
>
> Aseguradora Mapfre gana 18.7% más en 2013. Mapfre, el primer grupo asegurador español, obtuvo un beneficio neto de 790.5 millones de euros en 2013, el 18.7% más que el año anterior, en parte gracias a su diversificación geográfica. Según informó este martes la aseguradora a la Comisión Nacional del Mercado de Valores (CNMV), el 64% de esos beneficios, inferiores a los 900 millones que preveían los analistas, proviene del extranjero...

Lo que más me entristece es mirar a los pueblos que invadieron y ver cómo viven hoy en día. Lo más deleznable lo hicieron y lo siguen haciendo en África. Se dedicaron a explotar sus riquezas a sabiendas de que eran "presas fáciles" y sin siquiera preocuparse por aquellos como seres humanos ignorantes absolutos, sin nutrición suficiente, ni conocimiento mejor de agricultura o industria, pues eran nómadas (y todavía algunos lo son). Para colmo de males, actualmente ya no es sólo la pobreza, la desnutrición y la ignorancia lo que acosa a África. Hoy están llenos de guerrillas, enfermedades como el sida, y pleitos tribales que empeoran con la "ayuda" de otros países como Rusia, que les venden armamento, y con la presencia de grupos religiosos radicales musulmanes. Los africanos son una bomba molotov, y no hay quién intervenga para darles ayuda real. ¿¿¿Por qué???... porque mientras ellos se matan, ¡los dueños de las concesiones de explotación de las minas de diamantes pueden seguir haciendo dinero explotando y explotando y explotando sus riquezas!... Permíteme decirte cómo pudo haber funcionado democráticamente y con justicia el asunto de las minas de diamantes en África.

> http://web.iese.edu/Rtermes/acer/acer36.htm
>
> **POBLACIÓN Y PROGRESO ECONÓMICO.**
>
> Conferencia-coloquio organizada por la Asociación de Antiguos Alumnos de la Universidad de Navarra, León, 18 de febrero de 2000.
>
> ...¿Cómo explicar, entonces, que países con alta tasa de crecimiento de la población, como Eritrea, Somalia y Sudán, sufran hambre? Sus problemas no radican en la capacidad de producir alimentos, sino en guerras que dejan a un alto porcentaje de la población indefensa. De hecho, la baja densidad de población los hace aún más vulnerables a los problemas de hambruna, porque no hay suficientes personas para mantener sistemas de comunicación y transporte que faciliten la distribución de la comida. Tal como postula el antes citado premio Nobel de economía Amartya Sen, ninguna de las hambrunas del siglo XX ha tenido como causa la sobrepoblación. Todas ellas, sin excepción, han tenido como causa guerras civiles resultantes de una institucionalidad social y política deficiente. Aún más, el número de personas afectadas por hambrunas durante el presente siglo ha disminuido con respecto al siglo XIX...

Cierto es que desde siempre muchos africanos han sido ignorantes y aborígenes. Que no tienen idea de lo que pasa más allá de su vecindario. Acepto todo lo malo que digan de ellos. Como sea. Lo que sea... En cualquier circunstancia, ÁFRICA ES DE LOS AFRICANOS, esto quiere decir que ¡¡¡los bienes de todo tipo les pertenecen!!!... Entonces a fines del siglo XVIII, principios del siglo XIX, cuando descubrieron la riqueza de sus minas y otros, si los europeos hubieran querido, se habrían acercado a sus gobernantes y les habrían comprado sus diamantes a precio justo de mercado. Les habrían enseñado a guardar sus ingresos, a manejarlos para seguir creando riqueza o bien enseñarlos a saber preservar esa riqueza para que algún día, cuando los africanos despertaran de su letargo mental y decidieran educarse, vivir en sociedad, cultivarse, desarrollarse, etc. Para entonces ellos tendrían en que partir hacia una mejora. ¿Que esto era posible?, ¡por supuesto¡... pero en cambio mira lo que hicieron y lo que siguen haciendo: dividiendo a su gente, haciendo que se odien entre vecinos y tribus, reconocerse como enemigos, darles ayuda en peces y no en enseñanza de pesca, permitir y fomentar que sigan de... tontos, permitir que vivan en la pobreza, que es más bien podredumbre, etc., pero eso sí, venderles Coca-Cola, cigarros, licores, ropa y gustos occidentales, etc., etc. ¿Y qué crees? **Lo mismo hicieron y han hecho en todo país pobre e ignorante.**

En América Latina la situación no es tan mala, pero tiene lo suyo. Por comienzo diría que no somos lo unidos que deberíamos ser. Algunos economistas dicen que pobreza más pobreza sólo crea más pobreza y que por ello es mejor negociar con países ricos. Yo creo que hay muchos sectores que podrían compartirse para fortalecerse mutuamente... Por otro lado, existe mucho pique por el liderato del grupo en la zona, lo cual es una estupidez (¿recuerdas la máxima democracia?)... así sólo estamos más desunidos. Centroamérica tiene conflicto real. Cuba a pesar de ser latina es como tema aparte. Yo admiro hasta el tuétano a Fidel Castro por ser un gran líder, por amar a su Cuba, por borrar el analfabetismo y aumentar la educación de su gente. Todo parece indicar que se va a morir dejando a Cuba comunista. Es una pena. Porque tan gran hombre hubiera pasado a la posteridad como un Napoleón para Cuba si hubiese él mismo dirigido la apertura de Cuba al mundo, que de todos modos va ocurrir apenas él fallezca. Su gente está más que lista para ello.

No estoy en contra de ayudar a países en necesidad, pero no esperaba esta noticia de que México le perdona a Cuba el pago del 70% de 487 millones de dólares que son 341 mdd que suponen 2.841 mdd por cada mexicano, ¡¡¡o sea casi 37 millones de pesos por cada uno de los 120 millones que somos!!!

> http://www.contactomagazine.com/articulos/cubamexicodeuda0907.htm
> México Congela Cuentas Bancarias de Cuba en Europa
> www.contactomagazine.com/articulos/cubamexicodeuda0907.htm
>
> "...29/01/2014... Bancarias **de Cuba en** Europa. El Gobierno de **México** congeló las cuentas bancarias del régimen cubano **en** Europa, debido a la **deuda** de 554.9 millones de...

México condonará 70% de deuda a Cuba: Hacienda - Nota...
www.aztecanoticias.com.mx/notas/finanzas/172921/mexico-condonara

02/11/2013. **México** condonará 70% de **deuda** a **Cuba**... Añadió que **Cuba** pagará el restante 30% **en** un plazo de 10 años (...): México, DF.

El Gobierno de **México** eximirá a **Cuba** del pago del 70% de un adeudo por 487 millones de dólares (mdd), informó el titular de la Secretaría de **Hacienda** y Crédito Público (SHCP), Luis Videgaray...

El titular de **Hacienda** explicó que la **deuda** es producto de un crédito que el Gobierno cubano contrajo con el Banco Nacional de Comercio Exterior (Bancomext) hace casi quince años. Añadió que **Cuba** pagará el restante 30% en un plazo de 10 años. Luis Videgaray indicó que este acuerdo de pago permitirá ampliar las relaciones diplomáticas con la isla...

Venezuela está pasando por un mal tiempo. Sinceramente, no entiendo por qué. Sólo veo que un bello país con gente buena se está desestabilizando a pesar de sus ricas reservas en petróleo, entre otros recursos.

Estaba yo pensando en los países en pobreza y no sé cómo, pero recordé un libro de Irving Wallace que menciona la vida en la Polinesia, claro, versión Wallace. Entonces, me acordé de las personas con adicciones a quienes no les interesa recuperarse y tuve un "viaje" de mi mente... Pero, regresando al plano económico, lo que sí me parecería sensato es que en lugar de sólo tener esta invasión globalizadora de los países desarrollados, se pusieran también a cambiar al mundo, por fin. (Es 2014 y ya somos 7250 millones de seres humanos) Podrían vender "servicios de desarrollo a países pobres. Podrían, por cierto, no ser sólo países desarrollados quienes vendieran estos "proyectos llave en mano", sino incluso aquellos de mediano desarrollo (por ejemplo, México). Esto nos daría, a cualquier persona del mundo, la oportunidad de ayudar. Pero, por favor, no te burles de mí.

---

http://www.un-ngls.org/spip.php?page=article_es_s&id_article=2708

Estudio Económico y Social Mundial - 2010: Nueva Instrumentación para el Desarrollo Mundial. Una nueva época.

De acuerdo con el estudio, la reforma del actual patrón económico debe tener en cuenta y presentar soluciones a una serie de desafíos, entre los cuales se encuentran:

• Cambios mayores en la estructura de la economía mundial producidos principalmente por la reconfiguración del balance de poder económico. El rápido crecimiento en el continente asiático está incrementando el nivel de vida de los países emergentes, pero al mismo tiempo está dejando rezagadas otras poblaciones, especialmente en el continente africano. De igual forma, el nivel de desigualdades al interior de los países y entre ellos aumenta considerablemente.

> - Cambios demográficos que incrementarán la interdependencia global. Se estima que para el año 2050 la población mundial alcanzará los 9000 millones de personas, el 85% vivirá en los países en desarrollo.
> - Envejecimiento de la población mundial. Se estima que para el año 2050, una de cada cuatro personas en países desarrollados, y una de cada siete en países considerados en la actualidad en desarrollo tendrán más de 65 años, esta situación producirá una mayor tensión en los sistemas de salud y de pensión.
> - Aumento de la población urbana. De acuerdo con las proyecciones, el 70% de la población mundial vivirá en áreas urbanas en el 2050, lo que originará nuevos problemas específicos. De hecho, el aumento de las desigualdades entre las poblaciones urbanas puede ser una fuente de inestabilidad social y política. [En nuestro país, el 20% de los mexicanos vivimos en el 1% del territorio: Ciudad de México y el área conurbada.]
> - Degradación del medio ambiente ocasionada por el aumento de la demanda de una población en constante crecimiento. Sumado a lo anterior, los impactos negativos del cambio climático en los medios de subsistencia de algunas comunidades puede ocasionar el aumento de las migraciones.

¿Qué hay del medio ambiente?, ¿a quién le importa?... Este es un asunto de podredumbre humana. ¿Por qué la prisa de extraer y quemar tanto petróleo? ¿Saben con exactitud qué le pasará al planeta? ¿Cuándo van a hacer algo por los osos polares y por otras especies en peligro?

Japón y Noruega no paran de aniquilar especies como ballenas, delfines y otros. Mira al país más poderoso del mundo renuente a firmar el Tratado de Kioto, que compromete a las naciones a disminuir la quema de hidrocarburos, que son los que crean agujeros en la capa de ozono de la atmósfera y que a su vez contribuyen al calentamiento global, el cual nos perjudica porque permite que los rayos solares nos quemen más y sean más dañinos y, porque modifica el clima del planeta, lo que provoca, entre otras cosas, inundaciones y muerte de seres humanos y animales... África está perdiendo suelo fértil día a día por esta situación, lo que eventualmente significará más pobreza. Los animales se van extinguiendo debido a la falta de territorio, pues cada día que pasa tienen más desierto.

También se pierde flora cada día, y la tala de bosques va en aumento por doquier. Según estudios científicos, son los automóviles los que contaminan más el medio ambiente. Lo último que oí por la radio fue que los aviones contaminan entre el 5% y el 10%, las industrias otro tanto, **¡¡¡y el resto son los automóviles!!!**...

Casi toda Europa, Escandinavia, Japón y Corea del Sur, todos ellos, tienen una política de transporte público muy eficiente. La gente no requiere el carro para moverse porque tiene autobuses o metro. No es que no les gustaría moverse en carro. ¿A quién no? Pero si lo hicieran, les costaría el doble o más, además no encontrarían dónde aparcar el auto, y el tráfico sería horrible, porque las calles son angostas. También hay que decir que estos países han escogido moverse en transporte no porque hayan pensado en el medio ambiente sino porque es lo que les conviene: sus países son pequeños en territorio, sus calles siempre han sido angostas, sus edificios son tan bellos y viejos que son atractivo turístico, y más importante aún, algunos no tienen petróleo propio. Pero como sea, son un ejemplo para seguir.

En México cada vez que alguien saca el tema a relucir, salen con que no es posible porque afectaría a la economía, y confidencialmente dicen que porque hay muchos "intereses creados". El tema es casi tabú en este país, y terminan acallándolo. Mientras tanto, la gente común tiene que sufrir cada día al menos dos veces por la falta de un buen transporte, tú ves *toooodos* los días a gente colgada de las puertas en la pesera (camión). Ves a la mamá con sus hijos casi *arrancándose los pelos* porque llegó a la parada dos minutos después, y se le fue la pesera que viene no tan llena, o sea que es en la que pudo haberse subido, y ahora sus niños llegarán tarde porque cuanta pesera pasa, va llena hasta el tope...

Recuerdo que desde mis días de preparatoria esta situación era igual. Pero cuando me fue peor, fue en la universidad. Yo entraba a las 7 de la mañana y en teoría me tomaba 25-30 minutos llegar. Pues no. Yo tenía que salir de mi casa una hora antes porque si no, no habría pesera para mí. Así que me levantaba más temprano y casi con las lagañas puestas me iba a la escuela. Llegaba siempre 30-35 minutos antes, y en invierno me moría de frío. Me juré a mí misma que a la primera que pudiera, me haría de un carro. Claro, yo sólo me sumé a los que contaminamos, ¿y tú crees que esto me importó mucho?... ¿No te parece triste si te digo que han pasado más de treinta años, y esto es lo mismo? Dime tú por qué tenemos que seguir aguantando y aguantando... Te doy otro ejemplo para que veas cuánto les vale a los políticos que alimentamos. A ver si puedo explicarme.

Por mi casa (Punto B) pasan camiones que van al Punto D. Sin embargo, mucha gente que toma el transporte se baja en el Punto C. Si yo quiero tomar el camión después de las 7:05 para ir al Punto D, ya no puedo. Todas las peseras y los camiones vienen llenos hasta las ventanas. Así que no me queda otra más que caminar hasta el punto C para poder tomar el camión. A mí me queda este Punto C a un kilómetro. ¿Pero qué me dices de la gente que está más cerca del Punto A? ¿Cómo hacen? Yo entiendo que los camiones cuestan mucho dinero y que poner más no haría sino hacer más caro el transporte y que quizás aquí, en mi caso, no sea la mejor opción. Pero entonces yo digo, ¿no sería muuuy sencillo tomar una medida que no involucre más camiones? Esto es, tener un camión que en horas pico vaya del Punto A al Punto C y de regreso cuantas veces sea necesario, de modo que la gente se pueda mover a sus destinos sin tener que sufrir el estrés… Claro, aquí tendrían que partir el precio de modo que uno no salga pagando más, porque no se vale. Pero bueno. Y qué me dices de toda la gasolina que gastamos por tanto auto en circulación, 'nomás quemamos petróleo "a lo guey".

Otra cosa importante acaba de suceder con esto de los autos (2012, (http:// www.conexionbrando.com/1111436). Yo siempre he pensado que no entiendo por qué *carajos* no fabricamos autos nacionales. Seguro que es un gran negocio. ¿Pues qué crees? En India acaban de sacar al mercado un auto mini. Es más pequeño que un Chevy (90-100 mil pesos), tiene de largo como tres metros y de ancho como un metro y medio. Es un carro austero, pero muy eficiente en consumo de gasolina. El "coche del pueblo" indio es un cuatro puertas con 30 caballos de potencia y un consumo de 5 litros cada cien kilómetros, ¡¡¡y el precio es de 2500 dólares, o sea menos de $ 30,000!!! Para hacer las cosas peores, ya los autos están evolucionando, y nosotros seguimos sin producir. Ahora la tendencia es el coche eléctrico, el coche híbrido y el coche volador (¡!) Si no es broma, es el invento de un eslovaco: (http://t.noticias.prodigy.msn.com/video?videoid=m3mfqwec)

Autos SOLANA, los deportivos mexicanos olvidados. Descubre la historia de estos autos mexicanos concebidos antes que el Mastretta y VUHL.31/01/2014por Miriam Santillán Bueyes

https://bay172.mail.live.com/default.aspx?id=64855#n=
484480697&fid=1&mid=64171589-934a-11e3-b7b6-
002264c1d2c0&fv=1

31/01/2014, por Miriam Santillán Bueyes.

Qué necesitamos:

- ¡Voluntad para unirnos!

13. Economía

Te prometo que este capítulo va a ser el más corto y el más sencillo de entender porque yo sé que a mucha gente le aburre este tema, yo era una de ellas. Pero si tú eres alguien a quien le interesa saber más, te recomiendo el de Samuelson, es el mejor libro que he leído. Créeme, te va a encantar. ¡Ah!, también te recomiendo informarte sobre publicidad subversiva o subliminal; conceptos como **señales de información** (*signaling information*) y **transferencia de precios** (*price transfer*); y aprender sobre la teoría de desarrollo de los países. Alguna vez, escuchando un programa de radio sobre una doctora especializada en símbolos, me pregunté qué tan importante sería el tema. Al analizarlo, entendí cuán importante era. Te doy un ejemplo: mira los alrededores inmediatos al Ángel de la Independencia. Creo que de seguir así, tendremos que mover de lugar este estandarte. Pero mientras, aquí tienes otro tema de estudio. Ah, y uno más: distractores de la comunicación. http://biblio.juridicas.unam.mx/libros/1/419/8.pdf

Básicamente tenemos dos tipos de países: los socialistas y los de economía libre. Hablemos de los muy socialistas (comunistas) y de los que tienen economía muy libre. Los precios de los artículos varían según qué país los produce, debido, por un lado, a los costos internos, y por otro, al tipo de economía que un país ha decidido llevar, esto es, tener una moneda cara o barata.

China es ahora todo un caso, porque se ha dedicado a invadir los mercados del mundo con todo tipo de productos muy baratos y de pobre-mediana calidad. El éxito chino se debe a que China tiene una manera *muuuuuuy* simple de llevar su economía, ***"simple" significa "ahorros y bajos costos"***. El gobierno les da a las familias casa, empleo, comida, vestido, escuelas, etc., y les dice qué hacer y qué no hacer o producir, y como les da casi todo lo que necesitan, el sueldo que reciben por su trabajo es muy pequeño. Además, prácticamente no tienen gastos de publicidad, ni por locales de tiendas, de oficinas de compañía de luz, de tesorería, de hacienda, de despachos de contadores, de abogados, de aduanas, de sindicatos, etcétera... ¡Ah! y además andan en bicicleta, o sea, casi no queman hidrocarburos por transporte, y es poco el gasto que deben hacer por camiones, autos y demás. Todos estos ahorros bajan el costo de un artículo, pero los dos ingredientes que los bajan aún más son la mano de obra muy barata y el exceso de mano de obra (en china son más de **1300 millones** de personas, en México somos **120**)... Entiendo que por estos días están construyendo muchos edificios y rascacielos, ya tienen mucha tecnología propia, tienen bombas nucleares, y ¡¡¡muuuucha gente aprendiendo de todo!!!... ¿y nosotros?

Pongamos el ejemplo de relojes despertador. El gobierno chino decide producir despertadores. Escoge un terreno, construye una planta, se hace de la herramienta y de la maquinaria necesaria, contrata personal, los entrena y muy muy pronto está fabricando millones de despertadores. Entonces, los relojes despertadores son embarcados a muchos países. Llegan los despertadores a la aduana de un país, y aquí tenemos dos casos: si en este país los chinos pagan un impuesto por permitirles vender sus mercancías, entonces el precio de venta al consumidor sube por el impuesto, y además se controla cuántos despertadores entran al país. Pero si estos despertadores entran por aduanas, digamos en un país como México, y los aduaneros permiten la entrada "por abajo del agua", esto es, recibiendo dinero, entonces el precio de venta es más bajo, y además se inunda el mercado con despertadores que se venden principalmente en mercados sobre ruedas y puestos ambulantes. Por supuesto, los consumidores se sienten felices porque ahora pueden gastar menos en un despertador y, por ello, tener más dinero disponible para comer mejor, gastar con los hijos, etc… ¡¡¡Ah!!! Pero aquí no termina la historia. ¡Oh, no! Ahora veamos la otra mitad.

> http://www.cnnexpansion.com/negocios/2014/04/09/hp-soborno-por-contrato-con-pemex
>
> **11 de abril de 2014. HP sobornó por contrato con Pemex**
>
> La subsidiaria erogó más de un millón de dólares en comisiones para tener el negocio de *software*; la empresa también pagó sobornos para quedarse contratos en Rusia y Polonia.
>
> **CIUDAD DE MÉXICO (CNN Expansión)** – Hewlett-Packard México pagó más de un millón de dólares en comisiones para obtener un negocio de *software* con Pemex, dijo este miércoles la Comisión de Valores de los Estados Unidos (SEC por sus siglas en inglés)…

Tenemos en el país la marca de despertadores Arrúllame, que emplea a 800 personas, cada despertador cuesta al público $ 100. Sus ventas siempre han sido estables y con el crecimiento esperado. Sin embargo, los administradores de Arrúllame van percibiendo que poco a poco están perdiendo mercado.

Haciendo un sondeo en el mercado, se dan cuenta de que hay muchos relojes despertadores a la venta, sobre todo en mercados sobre ruedas y tianguis que son muy parecidos a los suyos, pero que cuestan $ 60. Pasa el tiempo, y sus ventas se han reducido a la mitad. Entonces, en un movimiento desesperado, despiden al 35% de su fuerza laboral pensando que con ese gasto de menos podrán sobrevivir. Este acto les ha costado sangre y dolores de cabeza con el sindicato. Pasan apenas unos cinco meses y ni sus ventas se recuperan, y ahora sus utilidades se han reducido a casi nada puesto que además tuvieron que bajar el precio a sus despertadores a $ 70. En estas andan cuando se dan cuenta de que en la calle los despertadores chinos ya cuestan $40... Al poco tiempo sus ventas han colapsado, tienen problemas para enfrentar sus costos de mano de obra y a sus proveedores. Dos meses más tarde, cierran la fábrica de despertadores Arrúllame, que había estado en el mercado por cuatro generaciones. Finiquitan a todo el personal y recuperan apenas el valor del terreno... Los dueños están llenos de ira; y los trabajadores, llenos de desesperanza...

Una de las reglas de la economía dice que sólo si lo que produces es de igual precio o más barato que otros productores, entonces sí te conviene producirlo..., pero esta premisa no incluye el bienestar que otorga el producir con calidad y diseño superiores. Imagina si le hacemos caso a la regla, entonces ya casi nada es conveniente producir en este país, puesto que los chinos lo hacen todo y más barato (incluidos los costos de embarque, puesto que los chinos de camino a casa cargan sus buques con materias primas e incluso agua; en los Estados Unidos casi secan un río). Entonces, les compramos todo a los chinos, y aquí se nos aumenta el desempleo, tanto que nos crea miseria, y para allá vamos porque ahora hay muchos productos a la venta, pero pocos compradores... ¡Dime qué hacemos ahora (hoy) con tanta gente sin empleo, con tanto desdichado ocioso! Recién leí que el 60o% de la población en edad de trabajar lo hace en la economía informal, esto es, puestos ambulantes, ventas por catálogo, etcétera.

Durante ya hace varios años, muchas firmas estadounidenses han estado fabricando sus productos en China, porque así tienen costos muy bajos y por ende más ganancias. México y los Estados Unidos tienen un acuerdo de libre comercio que permite que el comercio entre ambos países sea libre de impuestos. Según la Balanza Comercial de 2012, el total de nuestras exportaciones fueron similares en monto a las importaciones totales. La mayor parte de lo que importamos a los Estados Unidos fue fabricado en China, pero con origen estadounidense, esto significa que todas esas importaciones entraron al país sin gravamen. Más aún, el TLC fue firmado para ayudar a ambos países (México y los Estados Unidos), junto con Canadá, a mejorar sus mercados (de los tres países), a mejorar su producción (de los tres países), y a mejorar a sus ciudadanos (de los tres países)…

Los países que tienen una economía libre se rigen por las fuerzas del mercado, la demanda y la oferta, los costos de producción y la competencia. A todos los fabricantes-productores de bienes y servicios los afecta un sinfín de elementos, como fletes caros debido a calles con mucho tráfico, leyes engorrosas que obligan a pagar contadores y abogados, sindicatos cuyos dirigentes buscan enriquecerse más que ayudar a los síndicos; granos, frutas, verduras que se encarecen por los intermediarios, impuestos altos a la producción y a las personas… Todo esto para sostener una burocracia cara y despilfarradora, fraudes a la nación, insumos y tramitología caros debido a burocracia, entre otras cosas… Te doy un ejemplo.

Fui al trabajo de mi papá y me estacioné. El parquímetro es ahora de máquina. Yo pagué $ 9, pero como pensé que me tardaría otro poco, pagué otros $ 9. Puse ambos *tickets* en el tablero. Como a los quince minutos miré mi auto y no pude creer lo que veía. Le habían colocado el candado a la llanta. Caminé como veinte minutos hasta llegar al sitio de pago. Ellos no reciben quejas, sólo pagos. Como yo estaba indignada, pregunté qué podía hacer, y me dijeron dónde solicitar la devolución de los casi seiscientos pesos. Al día siguiente acudí, y me asesoraron para realizar una demanda (¡!$$$), esto es un trámite engorroso que me tomó varios viajes al lugar. Tuve que esperar como tres meses para la respuesta, y después de varias llamadas me dijeron que ya estaba mi contestación. Cuando acudí, me entregaron un documento que debo llevar primero a Hacienda, previa cita, y luego, cuando ahí me den respuesta, podré ir a otra oficina ubicada por el centro de la ciudad a recoger el cheque, que al parecer será por una cantidad menor… ¡Qué impotente me siento!

Finalmente te quiero decir algo muy importante: cómo se mueve la economía. Tenemos la industria primaria (el campo), la secundaria (industria) y la terciaria (servicios). Cuanto más desarrollado está un país, más industria y servicios especializados produce… Por otro lado, tenemos los productos *per se*. Los productos evolucionan. Cuando se inventó el plástico en ciertos artículos, se dejó de usar el henequén; cuando aparecieron las calculadoras, los ábacos casi se extinguieron; los autos sustituyeron a las carrozas, los aviones a los trenes, etc. Cada vez que surge un nuevo producto puede hacer desaparecer otros o sustituirlos en buena medida.

Hace 20 años todavía hacíamos los planos de proyectos arquitectónicos y de todo a mano. Hoy en día difícilmente encuentras a alguien que quiera dibujar a mano. Cuando comenzó a expandirse el dibujo por computadora para dibujar planos, era bien difícil encontrar dibujantes, y cuando por fin contratabas a uno, tenías que pagarle al menos 30% más de lo que un dibujante a mano ganaba. Lo importante de entender la evolución es saber **cómo te afecta a ti** y si sabes que te afecta, puedes modernizarte o bien cambiar de actividad. Si te pones abusado y eres de los primeros en moverte, entonces te irá mejor. Un ejemplo: mira lo que sucedió con el henequén. En Yucatán abundaban las haciendas henequeneras. Eran prósperas y daban trabajo a mucha gente. Cuando apareció un sustituto, eventualmente hizo quebrar a las haciendas, que acabaron abandonadas. De esto hace ya más de cincuenta años. Y apenas en los últimos años se dieron cuenta de que las haciendas podían utilizarse como hoteles de lujo, pues son los castillos mexicanos. Claro, ya están en ruinas, y ahora cuesta mucho dinero rehabilitarlas.

Es francamente triste cuando ves algún comercio yendo en picada como resultado, por un lado, de esta evolución de los mercados, y por el otro, debido a la ignorancia de sus dueños. Negocios de esta clase finalmente quiebran y desaparecen con el costo que conlleva. Aquí debo darte otro ejemplo bien importante.

Por décadas la "tienda de la esquina" (pequeños negocios familiares con venta de abarrotes en general) fueron el sostén de muchas familias mexicanas. Hoy en día aún lo son, pero es bien notorio cómo han proliferado las tiendas Oxo (cuyos dueños son los de la Coca Cola), los 7eleven, etc. Compara una tienda familiar con un Oxo. ¿Qué ves? Yo veo que el Oxo tiene un formato moderno, bonita decoración, parece un supermercado en chiquito. Pero veo dos cosas más: una, que tiene exceso de luz eléctrica y de refrigeradores, y la otra es que generalmente ponen ofertas, por ejemplo la Pepsi a $ 5, en lugar de $ 7.50, que es el precio al que la venden todos los demás. Yo me pregunto cómo hacen para, además, pagar trabajadores. ¡¡¡Y CON TRES TURNOS!!!... ¿Cómo pueden subsistir si pagan tanto en consumo de luz? Y aún más: ¿cómo pueden vender la Pepsi $ 2.5 más barata?, ¡cuando ni siquiera el precio de costo a la Tiendita es de $ 5! (¿?)Y qué me dices del policía que tiene cada tienda... ¡¡¡CARAJO!!!

¡Esto es competencia desleal, y NADIE lo reclama! Y mientras, miles de tenderos se están yendo a pique porque no pueden competir con estos negocios... ¡Y hay más desempleo!... ¡Y NADIE HACE N-A-D-A!...

Un consejo: escucha las noticias de periodistas, como en Canal 11, siempre revisa la fuente (quién es el autor, quién está escribiendo o diciendo algo). Observa tu calle, tu colonia, tu ciudad... y a su gente... Me temo que ya no te cumplí con lo del capítulo más corto, pero aquí paro.

Qué necesitamos:

- ¡La voluntad de cada conciudadano!

14. Dinero

El dinero es sólo una herramienta para comprar y vender bienes y servicios. Sin embargo, en cualquier sociedad es de lo más importante. Muchas veces es lo más importante, porque casi todo se puede traducir en dinero. Todas las guerras, todas las diferencias entre compañías o entre familias tienen el dinero como la principal causa. Mira las causales de divorcio, en un 90% el dinero está involucrado. Cada día de tu vida puede ser contado por dinero. Si eres adulto, sales cada día a ganar dinero. Si eres menor de edad o anciano, cuestas dinero. Ahora dime honestamente, ¿cómo gastas un día?, ¿gastas tu día, o bien ocupas tu día?

La parte medular de este instrumento no está en cómo lo ganamos sino en cómo hacemos uso de él y en el valor intrínseco que le damos. Por ejemplo, hay mujeres que darían un riñón por un vestido Chanel que cuesta entre 5000 y 40 000 pesos, o más. También hay varones que son capaces de chantaje o de trabajos ilícitos con tal de tener un BMW. El asunto es que les damos valor a las cosas no sólo por lo que cuestan sino por lo que significan para nosotros. Cada uno de nosotros tiene ciertos atributos y capacidades que nos permiten hacernos de un medio de vida y con ello tener un ingreso para vivir. Existen personas afortunadas con grandes atributos y, por ende, con gran posibilidad de hacer importantes sumas de dinero (aunque no siempre es el caso). Pero existen del otro lado personas con pocos atributos (muchas veces ignorancia plena), que sólo les permiten generar un ingreso modesto para vivir. Los afortunados no son tema en este capítulo.

Fundamental es saber que si yo no formo parte de los privilegiados, me conviene entender que un vestido Chanel es sólo dos o cinco metros de tela muy exclusiva en un bello diseño y que un BMW, parecido al Chanel en cierto modo, es tan costoso porque tiene alta tecnología, bello diseño, muchas piezas hechas a mano, pero sobre todo porque los costos son altos debido a que la gente que los fabrica gana mucho dinero, paga mucho impuesto y *muuucha* **publicidad para establecer estatus**.

A los ricos de este país les conviene que seamos mejores porque así no se van a avergonzar de sus compatriotas y van a ganar valor (ellos saben a qué me refiero), entiende que ellos siempre van a ser ricos... Es bueno porque a ti como persona te impulsa a ser mejor, trabajar más duro y tener algo más por el puro placer, si no, cuál sería el incentivo, dónde estaría la "zanahoria", cuál sería el premio por ser mejores y más audaces. Mira a los pueblos comunistas. Les tomó a los rusos más de setenta años y mucho más de cien millones de personas como tú o como yo el querer lograr lo mismo para todos, y si bien lograron mucho, también hubo mucha injusticia y mucha gente *muuuy* infeliz... La ambición no es mala, lo malo es cómo usamos lo que tenemos gracias a nuestras ambiciones; lo malo no es ambicionar, sino ambicionar algo inalcanzable, porque seremos infelices todo el tiempo... Yo prefiero un mexicano rico en México que un mexicano rico que vive e invierte en otro país, o peor aún, un rico extranjero que se lleva todas sus ganancias a su país de origen.

Por cierto, estaba yo analizando los 100 billonarios (aquellos que tienen miles de millones de dólares) del mundo según la revista *Forbes* y encuentro entre muchas cosas que sus fortunas son inmensas y que los rubros de sus negocios son telecomunicaciones, *software* y otros del ramo, supermercados, minería, cervecerías, ropa, petroquímica, dulces, tenis y artículos deportivos, maquillaje y cosméticos, banca financiera, comida, electrodomésticos, moda y piel, construcción, refrescos y otros.

> http://www.zocalo.com.mx/seccion/articulo/millonarios-cuantos-son-donde-estan-en-que-invierten-su-dinero-1372117550
>
> Y, en efecto, según el informe World Wealth Report 2012, que todos los años elaboran la consultora Capgemini y la gestora RBC Wealth Management y que pasa por ser el principal inventario de millonarios (entendidos como aquellos que poseen más de un millón de dólares) que se hace en el mundo, los Estados Unidos son el país del mundo donde vive un mayor número de millonarios: ***más de tres millones.***
>
> Le siguen Japón (1,822 millones) y Alemania (951,000). Entre los tres países concentran más de la mitad de los millonarios que hay en el mundo.
>
> Completan el top 10 de la concentración de la riqueza China (562,000), Reino Unido (441,000), Francia (404,000), Canadá (208,000), Suiza (252,000), Australia (180,000) e Italia (168,000).
>
> Según el estudio, en España habría 144.600 personas con más de un millón de dólares en sus cuentas, un 5,4% respecto de 2010.
>
> En los últimos años Asia-Pacífico se ha convertido en la región económica del planeta con mayor número de personas que pueden presumir de su condición de millonarios (3,37 millones de personas), superando por primera vez a Norte América, donde hay 3,35 millones; y de Europa (3,17 millones).
>
> (…)
>
> La crisis de las áreas económicas más tradicionales no ha impedido que el número de millonarios que hay en el mundo crezca. De hecho, en medio de la crisis financiera más radical que ha vivido el mundo desde los años treinta del siglo pasado, el número de millonarios no sólo no se ha reducido, sino que ha aumentado en 2,4 millones. Se han incrementado en un 28% más desde 2008.
>
> Más dinero en manos de millonarios
>
> (…)

Las áreas donde más ha crecido la concentración de recursos en manos de millonarios son la zona Asia Pacífico y Latinoamérica. Brasil, de hecho, es el lugar del mundo donde más aumentó el número de millonarios en 2011.

¿Dónde meten su dinero los millonarios?

La mayoría utilizan sociedades de gestión *ad hoc* muy especializadas, que ofrecen sofisticados paquetes de inversión con un perfil de riesgo más o menos alto en función de las peticiones de sus clientes.

Éstos operan en mercados de renta fija y variable de todo el mundo y constituyen, en muchos casos, actores muy relevantes del mercado...

(...)

En 2011, el dinero de los millonarios se dirigió más hacia las colecciones de joyas, los vehículos deportivos, las monedas y las piedras preciosas, y se inclinó menos hacia otras inversiones como los vinos de alta gama o las inversiones deportivas, en equipos o eventos, cuya rentabilidad se desplomó hasta un 30%.

El Índice Hagerty, que se vincula a la cotización de mercado de los Ferrari, ha crecido un 22% al calor de la demanda; al igual que lo ha hecho el precio de los diamantes, aumentó un 30%.

Las ganancias de los negocios se traducen en dinero en efectivo que puede ser nuevamente invertido o en otros negocios o bien en ahorro. El valor del ahorro estriba en que un país puede dedicarse a desarrollar industrias si tiene ahorro: la gente común guarda sus ahorros en el banco, y el banco a su vez presta a empresarios el dinero que requieren para crear una fábrica de computadoras, o de tractores pequeños para campesinos, etcétera.

Todo pueblo requiere de una administración... Recuerdo que hace años, cuando vivía cerca de Plateros, teníamos un vecino (administrador en turno) por edificio, que se encargaba de colectar las cuotas voluntarias de mantenimiento, pues en aquellos días no era obligatorio firmar un contrato de condóminos. A pesar de que la cuota no era alta, con ese dinero alcanzaba para tener los jardines bonitos, los patios limpios, la colecta de basura, iluminación en áreas comunes, y alguna eventualidad. Cuando se requería pintar el edificio o impermeabilizar o realizar otro gasto de ese rango (o sea más caro), el administrador en funciones (mismo vecino) nos hacía saber cuánto nos tocaba. La verdad es que siempre se logró mantener bien el edificio y bien el conjunto completo. Nosotros siempre pagamos lo que nos pedían, pero un día pregunté si todos pagaban. Entonces me enteré que sólo en mi edificio de un total de diez, había tres vecinos problemáticos. Uno de ellos pagaba de vez en cuando, otro no pagaba porque rentaba su departamento y nunca lo veían para cobrarle, y el tercero de a tiro no pagaba porque se trataba de una pareja en su setenta tardíos, que apenas subsistían (eso decían).

Hice mis cuentas y noté que si ellos pagaran, entonces nosotros siete sólo pagaríamos el 70% de todo lo que nos requerían pagar para mantener bien el conjunto. Así lo hablé con el administrador en turno, y me dijo que ya habían tratado por todos los medios y nomás no habían podido hacer que estos tres vecinos irresponsables pagaran. Luego yo me mudé, y la situación era la misma.

Todo pueblo requiere de una administración que alimentada con los impuestos de los ciudadanos pueda subsistir contribuyendo a realizar diferentes actividades, como crear leyes, mandar a construir calles y mantenerlas bien, proveer servicios públicos, diseñar nuevas ciudades o colonias, establecer los centros de salud, construir escuelas y ponerlas a funcionar, proveer distintos medios de transporte y organizar otros, organizar ejidos y dar soporte en todo menester del campo, salvaguardar nuestros bosques, mares y fronteras, normar y organizar cada una de las áreas de la economía, etc., etcétera.

Contar con una administración es muy bueno porque nos permite a los demás realizar nuestras actividades y evolucionar en el área que nos gusta para tener los medios económicos que nos permitan una buena vida. Siempre que entendemos estos mecanismos también comprendemos que es inevitable tener que contribuir con una pequeña porción de nuestros ingresos para lograr una mejor sociedad. Pero cuando vemos o leemos o nos enteramos de todo lo malo que hace nuestro gobierno, sencillamente se nos quitan las ganas de contribuir, puesto que lo menos que queremos es que nos timen haciéndose ellos ricos fácilmente de la nada, mejor dicho, de nuestro dinero. En México todo negocio y trabajador formal paga impuestos. A ellos los llamamos "los cautivos" porque a fuerza terminan pagando impuestos, pero ellos son sólo una parte. Otra parte son los trabajadores que tienen negocios propios o trabajan por su cuenta. Ellos también son cautivos, porque si no declaran sus ingresos, pueden tener serios problemas con Hacienda. Sumados, todos ellos no representan ni el 60% del total, debido a que tenemos, por un lado, *muuuucho* desempleo y, por otro, *muuuuchos* vendedores informales, quienes además son competencia desleal para los comerciantes formales vecinos.

http://diario.mx/Economia/2014-02-12_3e25a1ae/baja-desempleo-pero-aumenta-la-informalidad/

Baja desempleo, pero aumenta la informalidad, *Reforma* | 2014-02-12 | 09:34

Distrito Federal – En el último trimestre de 2013, la tasa de desocupación disminuyó el 4.6% de la Población Económicamente Activa (PEA) desde el 4.9% del mismo lapso del año anterior. En tanto, la informalidad aumentó en números absolutos. Según información del Instituto Nacional de Estadística y Geografía (Inegi) (...) Si bien la tasa de informalidad global resultó menor en el cuarto trimestre de 2013 con 58.8% de la población ocupada –con relación a los últimos tres meses del año previo, cuando se situó en el 59.8%–, en términos absolutos el indicador se movió al alza (...)

Permíteme una breve deducción:

- Somos una civilización de más de tres mil años de antigüedad.
- Muchas guerras ocurrieron entre nuestros prehispánicos.
- La Malinche sí existió.
- Fuimos un pueblo sometido por 300 años debido a la Conquista española.
- Luchamos 11 años para lograr nuestra Independencia.
- Fuimos invadidos por Francia (en dos ocasiones) y por los Estados Unidos. Ambas invasiones tuvieron un costo.
- Apenas 27 años después de ser independientes, los Estados Unidos nos despojaron de la mitad de nuestro territorio. Ya antes habíamos perdido territorio.
- Luego, 60 años después, se desató la Revolución Mexicana, que duró más de veinte años. Una peculiaridad fue que muchos gobiernos legalmente constituidos fueron derrocados debido al desacuerdo.
- Entonces llegó el PRI al poder.
- Tuvimos apenas veinte o veinticinco años de estabilidad y de prosperidad.
- Luego de 70 años de hegemonía priista, tuvimos apenas dos sexenios de otro partido político (PAN), pero sin resultados positivos, debido a muchos factores: *duplicaron el monto de la deuda externa en sólo 12 años,* y entre otros, el desacuerdo entre partidos.
- Julio 2014: ya tenemos no sólo 8 sino **10 Partidos Políticos** registrados y a pesar de esto la Reforma Energética dicen, se aprobó.
- Hace menos de dos años, regresó el PRI, pero ya suman más de cuarenta los años en que nuestros gobernantes han cometido fraude, abusos de poder y actos de

corrupción, y éstos ya también están descaradamente ocurriendo en los demás sectores.
- Tenemos un gran problema que se llama narcotráfico.
- Nosotros somos más *malinchistas* de lo común.
- Es bien sabido que si te empleas en una empresa trasnacional, tienes mejores beneficios, y mejora tu *curriculum*. Hoy tenemos muchas empresas trasnacionales dueñas de bancos, comercios e industrias de todo tipo, y por si esto fuera poco, ahora están invirtiendo también en los mejores sectores de negocio, como el de bienes raíces y la explotación de nuestras minas, y ya están listos para invertir en la explotación y en el proceso del petróleo. Además, ya algunas firmas están a cargo de la siembra de productos base para sus marcas.
- "El gobierno mexicano reportó ante el Fondo Monetario Internacional (FMI) que el nivel de la deuda externa bruta de México, compuesta por la del sector público federal y estatal, así como bancos y empresas privadas, llegó este año a 425 864 000 000 de dólares..." http://www.jornada.unam.mx/2014/07/04/economia/025n3eco
- Cuando se nos acaben el petróleo, el oro, las maderas preciosas y demás valores, seremos tan vulnerables como Corea del Sur. Para entonces, otros nos venderán combustibles y otros a precio de oro.
- Sólo en el tiempo que me tomó revisar mis apuntes (digamos agosto 2014), surgieron noticias como el saqueo de jade en las minas de Chiapas que está siendo rematado a los chinos; el escándalo de un dirigente priista, Gutiérrez de la Torre, acusado de operar una red de prostitución; los diputados panistas, que, en medio de la reunión plenaria de su partido, desataron un escándalo con video de *tablefiesta* en una casa que se renta por 3 mil dólares diarios en Puerto Vallarta; la autorización

de un monto excesivo para "gasto de pre-elecciones"; el aumento sin sentido a "gastos libres" a senadores; la concentración de los activos administrados en el sistema bancario mexicano por 7 bancos (de un total de 53) con el 78%, con lo que obtienen el 90% de las utilidades y que otorgan el 84% del crédito en el país: BBVA Bancomer (20%), Banamex (18%), Santander (14%), Banorte (11.5%), HSBC (8.5%), Scotiabank e Inbursa (7%); ah, y están por cambiar el avión presidencial…

- Nosotros continuamos INDIFERENTES a pesar de que nuestra realidad económica es como si pidieras un préstamo sobre tu casa para producir globos voladores, y al fracasar tu negocio, pides un segundo préstamo para producir y vender churros a domicilio, y luego al fracasar de nuevo, pides otro préstamo para producir bicicletas de una sola rueda, y al fracasar pides un préstamo para… Un día terminas perdiendo tu casa.
- Nosotros ya casi no producimos, pero los chinos están produciendo incluso telas en buques en Tampico y están penetrando mercados desde Cancún.
- Hoy tenemos al 60% de la población (en edad de trabajar) ocupada en la informalidad. Por supuesto, festejo que tengan trabajo, siempre y cuando lo que vendan sean productos nacionales o legalmente importados, pero me pregunto: ¿es esto lo mejor para los 32,000,000 de trabajadores y sus familias?, ¿es ésta la mejor opción hoy?, ¿en 5 años?, ¿en 12 años?… Es cierto que muchos vendedores ambulantes ganan muy buen dinero, pero yo me pregunto: ¿es el trabajo del que pueden enorgullecerse y enorgullecer a sus hijos realmente?
- De acuerdo con la Comisión Económica para América Latina y el Caribe (Cepal), 7.4 millones de mexicanos padecen hambre, 60.6 millones de mexicanos viven por debajo de la línea mínima de bienestar. Los niños indí-

genas son los que tienen el mayor porcentaje de mortalidad y de mala nutrición.
- Mira cómo transcurre para ti un día ordinario. Andas con prisa, estresado, o molesto. Ya a la noche estás cansado, fastidiado, enojado. Ves la tele y qué tienes sino agresión y noticias pesimistas. Oyes noticias, fraudes, asesinatos, venganza. Últimamente puedes notar que hay censura en los medios.
- Todos somos responsables de la situación actual en nuestro país: sociedad, medios, gobierno...
- De seguir sólo quejándonos, ¿cómo estaremos en 1 año?, ¿en 5 años?, ¿en 12?, ¿en 20?...
- Discordia social es el resultado de una política gubernamental separatista, discriminatoria, clasista. Como no nos caemos bien, cada quien atiende lo suyo. Entonces, sucede que si por ejemplo, te pasó algo malo en el trabajo (quizá te despidieron por recorte), o quizá le robaron el auto a tu esposa o a tu hija, o quizá te asaltaron llevándose tu quincena; pero algo te pasó que te hizo enfadar fuertemente. Sales de tu oficina, vas a tu auto y manejas de regreso a casa. El tráfico está detenido porque seis calles adelante cerraron el acceso, y ahora, 35 minutos de espera más tarde, todo el mundo está pitando el claxon y peleando cada centímetro del camino. De repente, en un pestañazo, yo te rebaso ganando más metros hacia mi destino... sin conocerme te enojas conmigo, me gritas, me avientas tu auto, me maldices... ¿Te acuerdas de cuál es la máxima # 4?: RECUERDA. RECUERDA QUE YO NO SOY EL ENEMIGO. RECUERDA.

Qué necesitamos:

- Crear los bonos de valores Bonmex (bonos de inversión para estimular la producción nacional).

15. Educación

¿Qué es educación?… ¿Por qué educarse?… ¿Quién se beneficia?… ¿Por qué beneficia a un país?… ¿Cómo puede uno educarse?…

> http://t.noticias.prodigy.msn.com/nacional/cuesta-a-m%c3%a9xico-240-mdd-un-brote-mediano-de-dengue
>
> Cuesta a México 240 mdd un brote mediano de dengue… México destinó más de dos mil millones [**2,000,000,000**] de pesos en 2013 a combatirlo… El mayor obstáculo en la sociedad es la falta de medidas para evitar la propagación del virus, a pesar de que son sencillas, como evitar que el agua se acumule, al igual que la basura, en particular los recipientes de plástico, o acumular cacharros… "Y es que no se dan cuenta de que las larvas están en su casa".

Educarse significa aprender de todo, desde cómo comportarse en el diario vivir, cómo alimentarse y por qué, cómo valorar las cosas importantes como el dinero; cómo *llenarse* de valores como el respeto, la cordialidad, la empatía, el orgullo, el honor; cómo aquilatar lo que tenemos y a quienes tenemos con nosotros; cómo entender que somos únicos e irrepetibles en una galaxia que es parte de un universo y del cosmos; cómo aprender y ser maestro de algo que te gusta o apasiona y que además te permite ser parte del engranaje social y disfrutar mejor lo que la vida nos ofrece… Recuerda que eres vulnerable si ignorante eres.

Una constante en todos los países ricos es que su población tiene un alto nivel de educación... La gente educada ve las cuestiones mundanas de diferente manera, sabe discernir mejor en diferentes situaciones, pelea mejor por sus derechos, lleva una vida más placentera.

La palabra clave en la educación es "voluntad". Porque el deseo de uno de educarse viene desde el interior de uno mismo. Pienso que muchas personas no se educan debido a que no quieren crecer, porque cuanto más creces, más compromiso tienes, y estas personas prefieren vivir en su estado de confort, en el que sólo requieren algunas cosas... En el mejor de los casos, están las personas cuya capacidad emprendedora es limitada. Aquí no tienes sino que comprender que ellas están viviendo de la mejor manera posible... Pero aun así, la educación es importante si tienes en cuenta que el cerebro es un músculo que requiere ejercitarse, y que de lo contrario se atrofia... Hoy en día existe una consideración extra cuando hablamos de educación, y esta tiene que ver con el número de años que vivimos. Resulta que el promedio de vida de una persona es de más de setenta años, y, en mi opinión, más bien se va acercando a los 80.

Según las Estimaciones del Rezago Educativo, al 31 de diciembre de 2013..., (http://www.inea.gob.mx/transparencia/pdf/Estimacion_rezago_2013.pdf) de los 85.4 millones de personas de 15 años o más, existen 5.1 millones que son analfabetas (6%), 10 millones que no han terminado la escuela primaria (11.8%), y 16.9 millones que no han concluido la escuela secundaria (19.8), lo cual nos da un rezago total de 32 millones de personas sin educación básica formal concluida (37.6%).

Por un tiempo estuve prestando servicio en el Instituto Nacional para la Educación de los Adultos (INEA) –y otros menores– como asesor educativo, y te puedo decir varias cosas, si es que tú estás interesado en tener concluida tu primaria, tu secundaria y tu prepa (en un futuro cercano). Tienen una manera muuuy sencilla de trabajar, de modo que tú aprendes fácilmente y en poco tiempo. Toman en cuenta lo que ya estudiaste. Por ejemplo, si estudiaste cuatro años de primaria, ellos los toman en cuenta, para que sólo estudies los siguientes dos, pero en sólo unos meses, para que así concluyas tu primaria. Los libros son bonitos, fáciles de entender, incluyen muchos ejemplos "de la vida real" (lo que los hace más interesantes) y tienen pocos ejercicios; con pocas horas que les dediques en casa y en tus asesorías, verás tu avance muy pronto. Los exámenes que hacen son también sencillos, en verdad. Ah, y existen muchos lugares, y con horarios muy convenientes, para que recibas tus asesorías, y además, a los asesores nos entrenan muy bien para poder brindar un buen servicio educativo.

Tú sabes que para obtener un mejor empleo te serviría mucho contar con tu certificado de educación básica, porque con este documento das a entender tu disposición al compromiso, pero mejor aún puede ser la satisfacción que experimentarías por tu logro. Hasta el día de hoy, el mínimo que los empleadores piden al contratar personal es la escuela secundaria, pero ya está incluido en la ley que el mínimo debe ser la preparatoria.

http://t.noticias.prodigy.msn.com/se-pierde-la-mitad-del-tiempo-en-el-aula 18/03/2014

Se pierde la mitad del tiempo en el aula

Un informe del Banco Mundial indica que México es el país de América Latina donde menos horas efectivas se dedican a las actividades académicas (...)Del total de horas que pasa un niño en la escuela, sólo la mitad del tiempo lo dedica a aprender, el resto se pierde mientras el profesor pasa lista, reparte cuadernos, borra el pizarrón, o simplemente porque se ausenta del aula (...) Es decir, sólo dos o tres horas se utilizan para que los estudiantes avancen en el programa curricular, lo cual significa que tanto maestros como alumnos pierden un día de aprendizaje efectivo cada semana, que son 40 días sin clase durante el ciclo escolar (...) El estudio señala que uno de los factores de dispersión en los menores es que los maestros sólo utilizan el pizarrón como método de enseñanza o sólo se dedican a hablar mientras los niños toman notas (...) El perfil de los maestros en América Latina no ha permitido que los sistemas educativos cambien hacia los nuevos métodos de enseñanza, en los que los menores tienen que ser críticos, aprender a resolver problemas y obtener conocimientos que apliquen en su vida diaria, según el estudio del Banco Mundial (...)

Para que seamos un país del Primer Mundo, necesitamos de una profunda educación: educación cívica, física y en Salud, en las Bellas Artes, Sexual, ambiental, en Ciencia y Tecnología, etc. No nos discriminan por nuestro color de piel, nos discriminan por nuestra manera de comportarnos.

http://t.noticias.prodigy.msn.com/ni%c3%b1a-tamaulipeca-paloma-noyola-la-pr%c3%b3xima-steve-jobs-1

Niña tamaulipeca Paloma Noyola, la próxima Steve Jobs:

La portada de la revista *Wired*, en la edición de noviembre, incluyó a la estudiante tamaulipeca Paloma Noyola para exaltar el método de enseñanza aplicado por su profesor, que la llevó a ser la más alta puntuación a nivel nacional en el área matemática de la prueba Enlace; tema que desarrollan ampliamente en el artículo "Cómo un nuevo radical método de enseñanza podría desencadenar una generación de genios".

La historia de Paloma Noyola saltó a la superficie por ser una niña que vive en una zona marginada, además de pobre, conflictiva e insegura; la escuela primaria en la que estudia es incluso señalada como un "lugar de castigo" por ubicarse cerca de un basurero, en la ciudad fronteriza de Matamoros.

Su profesor Sergio Juárez Correa, basado en las experimentaciones educativas de Sugata Mitra, profesor de tecnología educativa en la Universidad de Newcastle, en Reino Unido, aplicó poco a poco "teorías novedosas de enseñanza que son implementadas en los países del Primer Mundo y que a su vez contrastan con los obsoletos métodos mexicanos, en los que el modelo dominante de la educación pública está fundamentalmente arraigada en la revolución industrial, en la que valoran la puntualidad, la regularidad, la atención y el silencio sobre todo lo demás", dice la publicación.

El profesor se centra, entre otras cosas, en promover entre sus alumnos la idea del potencial que cada uno puede explotar a partir de adquirir el conocimiento por sí mismos y resolver problemas mediante la reflexión, que los alumnos controlen su aprendizaje, y no los maestros, al tiempo que usaba también Internet, en su limitado acceso, como una herramienta que colabora para el mismo fin.

Al detectar que una de sus alumnas, Paloma Noyola, obtenía respuestas de manera casi instantánea, Sergio Juárez se sorprendió y empezó a trabajar con la aptitud de la que esta niña estaba dotada para las matemáticas; al preguntarle por qué antes no había manifestado esa habilidad, ella respondió "porque nadie lo había hecho interesante".

Por último, esta importante publicación apunta que Paloma, calificada como una Steve Jobs, y su profesor son una prueba viviente del éxito de las teorías educativas de la nueva era tecnológica, a pesar de las condiciones adversas.

Qué necesitamos:

- ¡Voluntad, voluntad, voluntad!

16. Trabajo

Idealmente debes tener un trabajo que te haga tu día al menos agradable, pero debería ser hermoso. Esto es más que posible lograrlo, pero requiere de búsqueda y paciencia. Para algunas personas, la búsqueda es de dos minutos, estos seres son los más afortunados, pero créeme: son bien pocas las personas en este rubro. Somos muchos más los que tardamos *muuuucho* tiempo en encontrar lo nuestro. Eso que te hace levantarte sin la ayuda del despertador y que te hace terminar tu jornada sin que te des cuenta.

> http://www.nippon.com/es/currents/d10003/
> ¿Por qué ya casi no hay huelgas en Japón?
> Pueden considerarse varias causas. Una podría ser el hecho de que, más que la fórmula de la negociación colectiva, marcada por el antagonismo, se haya institucionalizado y arraigado el modelo que se denomina *rōshi kyōgi* (deliberación o consultas entre patronos y empleados), en el que ambas partes, empresas y sindicatos, dirigen sus esfuerzos a compartir información para favorecer el mutuo entendimiento y, finalmente, a obtener acuerdos. Se observa que, en las empresas donde ha arraigado el sistema del *rōshi kyōgi*, estas consultas abarcan una temática muy amplia: además de la cuestión salarial, se habla también de todo lo relacionado con las directrices administrativas que sigue la empresa, asignación de personal, formación del personal, instalaciones y sistemas para el bienestar de los empleados, etcétera. Por otra parte, la empresa se esfuerza por dar toda la información posible. Con este sistema, orientado a metas como la mejora de la productividad de la empresa, empresarios y

sindicatos evitan el choque frontal, sobre la conciencia común de que hay que crear unas relaciones entre patronos y obreros basadas en la conciliación y en la estabilidad. En este contexto, se da también la circunstancia de que en esos sindicatos circunscritos a cada empresa, que son los más comunes en el Japón, los afiliados tienen un nivel educativo cada vez mayor, y los que se convierten en líderes sindicales suelen tener un expediente académico y una carrera que los asemeja mucho a la clase empresarial, lo cual facilita mucho la comprensión mutua entre el sindicato y la empresa. En todo caso, se considera que el gran arraigo que han conseguido estas relaciones colectivas tan estables entre patronos y obreros, basadas en la existencia de sindicatos de empresa, es un factor que inhibe a los sindicatos a la hora de tomar una medida de fuerza tan radical como es una huelga.

En mi opinión, son muchas las personas que deciden, sin notarlo, dejar de buscar el trabajo ideal y que aceptan quedarse en un trabajo que les resulta confortable y suficiente. Esto es muy bueno también. Pero lo que no debería suceder es ver personas terriblemente aburridas con sus empleos, sobre todo si tomas en cuenta que de las 24 horas de un día, 8 dormimos, y nos quedan 16 horas, de las cuales en promedio dedicamos 9 al trabajo. ¡¡¡Esto representa más del 60% de tu día!!! Y resulta más pesado si consideras que el resto de horas que te quedan las utilizas básicamente para asearte, alimentarte y llevar a cabo algunos menesteres. Gracias a Dios aún contamos con los domingos.

Ahora bien, ¿qué hay de las personas que no quieren trabajar?... Básicamente estas personas no han salido de la adolescencia, se han quedado atoradas. No han querido salir en busca de su destino. Muchas de ellas, desafortunadamente, terminan en malos negocios, malas decisiones... Esto, por cierto, me recuerda cuando me corrieron de un trabajo. Sí, yo fui tristemente despedida. Había logrado entrar a trabajar en una buena firma. El trabajo era muy interesante y, digamos, bien pagado. Por supuesto, las reglas estaban bien establecidas, y había que cumplirlas. Yo atravesaba un momento incierto en mi vida, tenía dificultades para llegar a tiempo y también para quedarme tiempo extra... malo... malo... muy malo. Muy a su pesar y al mío, terminaron dejándome ir... esto no tenía que haber pasado, no debió pasarme, pero yo lo provoqué.

Qué necesitamos:
- ¡Voluntad, voluntad, voluntad!

17. Sociedad

Los GRIEGOS fueron una de las más grandes civilizaciones, porque entre muchas cosas ellos vivían en armonía, tenían división de clases, se preocupaban por la cultura, las artes y la belleza escultural física. Sus ciudades estaban tan bien trazadas y planificadas, que cuando se alcanzaba una población de 5000 habitantes, creaban otra ciudad. Además, fueron grandes pensadores y científicos, y crearon una arquitectura propia. Nosotros ya poseemos varias de estas cosas. Yo digo, ¿por qué nosotros no copiamos lo bueno de los griegos y de otros pueblos? Imagínate, podríamos copiar-adoptar-adaptar:

- Lo nacionalista de los japoneses.
- Lo trabajador de los coreanos.
- Lo industrioso de los alemanes.
- Lo gente bien integrada de los escandinavos.
- Lo mercantilista de los estadounidenses.
- Lo buen-vendedor de los chinos.
- Lo pueblo-unido-primero-nosotros de los franceses.
- Lo bien-llevado de los canadienses.
- Lo civilizado de los ingleses.
- Y entonces tendríamos:

¡Lo pueblo-muégano-feliz-amigo-sociedad avanzada de los mexicanos!

¿Qué es lo que buscamos como sociedad?... ¿Qué es desarrollo para nosotros en este país?... Yo diría que lo que nosotros queremos es paz (no guerra), vivir tranquilos y relajados, tener un empleo que nos guste, un techo propio para habitar; comer y vestir a nuestro gusto, entendiendo nuestro presupuesto, estar protegidos con servicio médico con derecho a pensión, sentirnos con la libertad de actuar (no el peso de un costal en nuestros hombros), y aprender según nuestros deseos de superación. Así y en este orden. Pero asumo que esto es lo que quiere la mayor parte de los pueblos en el mundo, digamos que esto es lo básico y lo fundamental. Una vez logrado para todos y cada uno de nosotros, seremos entonces una sociedad del Primer Mundo... ¿¿¿Esto es posible??? ¡Por supuesto! Por eso, te estoy escribiendo. Por eso, te estoy explicando cómo es nuestra realidad y te estoy diciendo cómo lograr que seamos mejores.

Qué necesitamos:

- ¡Voluntad colectiva!

18. Futuro

Hoy es 25 de junio, son las 5:45 de la mañana, y Pedro Vázquez se levanta para salir a pasear al perro. Pedro tiene 39 años, es obrero en la planta de automóviles Tochtli desde hace 13 años, está casado y tiene dos hijos. Se pone su bata de marca Cardon, va por el perro (un cocker spaniel) y sale de su departamento, ubicado en el 6º piso de Parque Topilejo... Toma el elevador de marca Xotla, y al descender su perro no para de mover la cola de satisfacción. Caminan hacia fuera del edificio, y Pedro se encamina hacia los jardines del parque. Parque Topilejo es un fraccionamiento de cinco edificios de siete pisos cada uno, rodeado de jardines. En total el complejo tiene cerca de siete mil metros cuadrados. Cada nivel tiene cuatro departamentos de 100 m² cada uno. En la planta baja de cada edificio están los estacionamientos (cada espacio tiene cabida para dos autos con el uso de grúas), un espacio para auto para cada departamento, que por cierto no necesita más, puesto que el auto lo usan prácticamente sólo los fines de semana, y eso a veces. Bueno, así funciona en las grandes urbes. Ambos, Pedro y su esposa Marta, trabajan. El horario de Pedro ahora es de lunes a jueves. Siempre entra a las 7 de la mañana, pero sus salidas son los lunes a las 5 de la tarde, los martes a las 6 de la tarde, los miércoles a las 7 de la tarde, y los jueves a las 8. En ciertas temporadas que el trabajo en la planta lo amerita, su horario cambia, pero no le pesa. A él le gustan los cambios y saber que en temporadas normales cuenta con fines de semana largos que le permiten disfrutar a su familia y tener tiempo para él mismo. Además, los beneficios con los que cuenta en su trabajo ya incluyen cuatro semanas de vacaciones al año (que puede él distribuir como lo desee, siempre y cuando se acomoden con las de sus colegas), premios al desempeño, premios por llegar en horario y otros. En estos 13 años que tiene trabajando en Tochtli, Pedro ha recibido ya dos ascensos. Precisamente con el nuevo ascenso ahora está trabajando en la fabricación del último modelo, llamado Pantera, que es un auto minicompacto (como todos) de tipo deportivo, muy cómodo y semilujoso, aunque el mejor plus que tiene el vehículo es la eficiencia en consumo de gasolina. Tochtli está *metidísimo*, junto al Politécnico y la UNAM, en la investigación para desarrollar un auto híbrido gasolina-eléctrico. Esperan poder lanzarlo en dos o tres años. Pedro está contento. Mientras pasea al perro, va saludando a otros vecinos que pasean también con sus mascotas o van haciendo ejercicio.

"¿A dónde iremos de vacaciones en julio? —se pregunta Pedro—. Mmm, quizá sería bueno ir a Puerto Vallarta, que no conocemos, dicen que es muy bonito"...

Con el sonar de la alarma a las 6 de la mañana, Marta también se levanta y se dispone a despertar a sus hijos, que deben salir para la escuela en 50 minutos, pero antes pone la mesa con el desayuno, entonces va hacia la recámara de sus niños, los despierta, les pone su ropa limpia a un lado de sus camas. En ese momento entra Pedro, da los buenos días y se mete rápidamente a duchar. Sale pronto del baño ya arreglado. Mientras tanto sus hijos se están vistiendo, y Marta hace lo propio. Unos minutos más tarde, se encuentran todos desayunando.

—¿Me pasas la mermelada, papá? —le pide Pablo, el menor de sus hijos.

—Claro, m'hijo. Oye, ¿cómo vas con tus clases de natación?

—Bien, me gusta, pero todavía no nado solito.

—Está bien —y volteando la mirada hacia el otro lado de la mesa—. Hoy tienes tu clase de batería, ¿verdad, Sergio? —le pregunta a su hijo de 9 años.

—Sí, a las tres, y ¿cuándo nos vamos de vacaciones?

—Mira, precisamente estaba pensando en eso. ¿Cómo ves si vamos a Puerta Vallarta, Marta?

—Mmmm, ¡eso sería bueno!… ¡Ah!, recuerda que la próxima semana te toca a ti la casa, y a mí pasear al perro por la mañana. Pero, volviendo a las vacaciones… —dice Marta entusiasmada.

—¿Es el mar? —interrumpe Pablo.

—Sí. Pero recuerden que iremos al mar sólo si sacan buenas calificaciones, ¿eh? —dice Pedro.

—Yo creo que todo irá bien. Por cierto, ¿te dije que Pablo lleva muy buenas notas en Matemáticas y en Computación? Los idiomas se le están complicando un poquito, entiende mejor el francés que el inglés. En cambio, a Sergio se le dan de maravilla. En fin…, oye, ¿ya viste la hora? —dice Marta apurándose—. Niños, por favor, se apuran y corran a lavarse los dientes, que el transporte de la escuela ya no tarda. Les quedan diez minutos.

Pedro va a su baño a asearse, se despide de su familia y sale rumbo al trabajo. Ya en la calle, espera en la esquina su pasebus. Los pasebuses son producidos por Mistli, cuya planta está en Hidalgo. Estos pasebuses cubren todas las rutas de la ciudad y tienen un estricto horario de corrida. Este se puede ver pegado en el aparador de la parada. Son muy confiables y seguros. Los choferes son siempre respetuosos y atentos. Claro, ahora tienen buenos sueldos, prestaciones y premios. Los camiones pasebus son parte del sistema de transporte cuya propiedad es mitad del gobierno y mitad una iniciativa privada, e incluye también el metro. Para usar el transporte, uno puede comprar un pase diario, semanal o mensual (que resulta más barato). El costo del pase es de acuerdo con el número de zonas que uno quiera cubrir, y la gran ventaja es que uno puede subirse al transporte cuantas veces quiera. La verdad es que el transporte no es barato, pero el servicio es muy bueno, siempre está todo limpio, muchas veces es más rápido llegar al destino que yendo en auto, y es hasta medio lujoso. Por todo esto, y porque ahora mantener un auto es *muuuuuy* caro, mucha gente se mueve en transporte. Simplemente porque resulta más conveniente.

"Oh, aquí viene mi pasebus". Pedro sube al camión, muestra su pase y toma asiento. Su mente divaga por unos minutos. Entonces se da cuenta de que ha llegado a su parada y desciende del pasebus, camina algunos metros y se encuentra en la estación del metro totalmente limpia, donde se ven algunos puestos ambulantes bien situados y armonizando con el entorno. Entra en la estación, introduce su pasebus en el torniquete y camina hasta el andén, y de pronto ve a su jefe inmediato, Adrián Campos.

–¿Qué tal, Adrián?, buenos días –le dice extendiendo su mano para saludarlo.

–Hola, Pedro, buenos días. Mira que venía pensando en ti. Dime, ¿piensas tomar tus vacaciones en julio finales?

–Así es. Precisamente hoy llamo a la agencia de viajes para hacer reservaciones a Puerto Vallarta… Oye, ¿viste el partido de basquetbol anoche?… Estuvo de lujo, ¿cierto?…

19. Modelo pueblo

INDUSTRIAS POR DESARROLLAR
PROECOLÓGICAS ESTRATÉGICAS CON *DISEÑOS DE VANGUARDIA* (LA CONSIGNA ES DESARROLLAR UNA MARCA O UN MODELO DE LO QUE MÁS USAMOS A DIARIO Y EN EL QUE TENEMOS UNA VENTAJA COMPETITIVA):

1. Turismo y localmente, comida, bebidas, chocolate, dulces, entretenimiento, belleza (corte, peinado, faciales, masajes), artesanías, vestido, calzado, cosméticos, hotelería y demás.
2. Derivados del petróleo, piezas y artículos de plástico de todo tipo.
3. Joyería con piedras y con plata.
4. Muebles, papel y derivados de la madera.-
5. Electrodomésticos.
6. Transporte público híbrido; un sólo auto; trasporte marítimo.
7. Industria agraria, congelados y conservas.
8. Todo para la industria de la construcción y acabados de casa-habitación.
9. Maquinaria para el campo, como minitractores, etcétera.
10. Herramienta ligera.

11. Detergentes, desodorantes, aromatizantes, pasta dental, jabones, etcétera.
12. Campo agrario libre de pesticidas y contaminantes.
13. Industria pesquera y congelados.
14. Industria del reciclado (maquinaria, equipos, enseres, muebles, tecnología).
15. Autobuses de pasajeros tipo 'pesera', minibuses.
16. Cámaras de vigilancia para interior y exterior.
17. Alguna otra.

Estas industrias protegidas con subsidios son indispensables por ser estratégicas. Sólo permanecerán como tales si son competitivas, proecológicas, y si tienen diseño de vanguardia.

Apéndice

Por cada libro vendido, el 70% de regalías será donado a una Fundación para la Educación manejada por jesuitas (bases en el tomo dos).

Mi motivo y mi inspiración son el chico en el estacionamiento del supermercado con bella sonrisa, que me ofrece lavar mi auto; el señor ciego que vende dulces en la esquina; el muchacho drogadicto que limpia parabrisas en el semáforo; la chica adolescente vagabunda; la mujer que viene a la ciudad a pedir limosna, a veces incluso con marido e hijos; la señora que toca mi puerta buscando trabajo de sirvienta o que al menos le regale algo; el señor joven que caminando junto con sus tres hijos y su esposa a las 9 de la noche, se topa conmigo y me pide lavar mi auto. También los chicos casi niños que he visto en plena Reforma por la noche mendigando; el amigo de mi primo, que desde hace tres años no encuentra un trabajo permanente; el señor que hace jardinería en mi pequeño jardín, que vive solo con su perra y la cría de esta, es alcohólico, y donde habita renta y es un cuartucho; mi querido asistente, que es un buen hombre, que está en recuperación, que vive día a día haciendo trabajos varios y a veces no cubre su día... ¡Oh!, mi amiguita de la secundaria, que vivía en una vecindad cerca de mi casa y que ya a los 13 años inhalaba *thinner*...

Imagina un país donde la corrupción no es un tema, donde sabemos a dónde se destinan nuestros impuestos, donde existe un gobierno sencillo y de pocos políticos y burócratas que están obligados a servirnos con respeto, donde el poder judicial hace mejor justicia. Imagina un México limpio, ecológico, con un nivel industrial moderado, pero un tanto autónomo y auténtico. Finalmente, imagina tu vecindario, con decoro, con banquetas para caminar a gusto y buenas calles y servicios, con buen transporte y digno. Que si vives en el campo, cuentas con respaldo sólido para tu desempeño... Y luego mira tu hogar, es tuyo, o lo será con el tiempo, y tus hijos pueden acceder a una buena educación, y todos en casa tienen acceso a alimentos suficientes y sanos, y además a servicios médicos, y entonces imagina de aquí para delante todo lo que podemos lograr.

Reconozco que no te he dicho todo lo que yo quisiera, pero entonces este libro tendría que ser parte de *Las mil y una noches*. Yo sé que son sólo ideas, pero resulta que son mis sueños y lo han sido desde que era una adolescente. Ya no tengo más que decirte, porque no debo decirte nada más... Aquí estamos sólo tú y yo. Tú eres parte de este bello entorno, y yo sólo soy... ¡¡¡PUEBLO!!!

Flor del Campo

Modelo pueblo

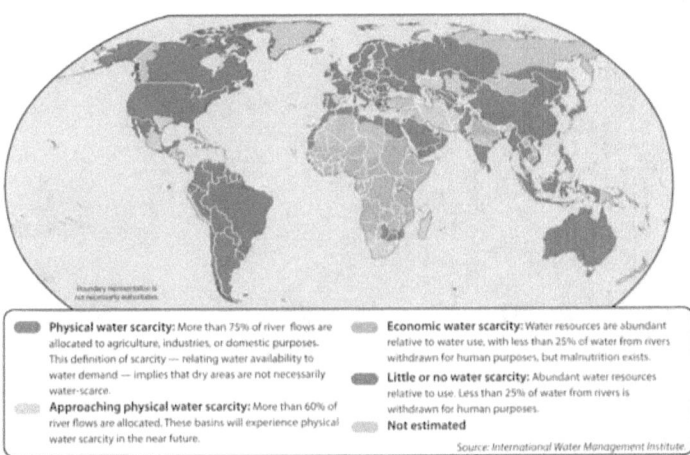

Rojo: escasez de agua.	Verde: escasez relativa de agua.
Beige: cercano a escasez de agua.	Azul: poca o nula escasez de agua.
	Gris: no estimado.

Flor del Campo

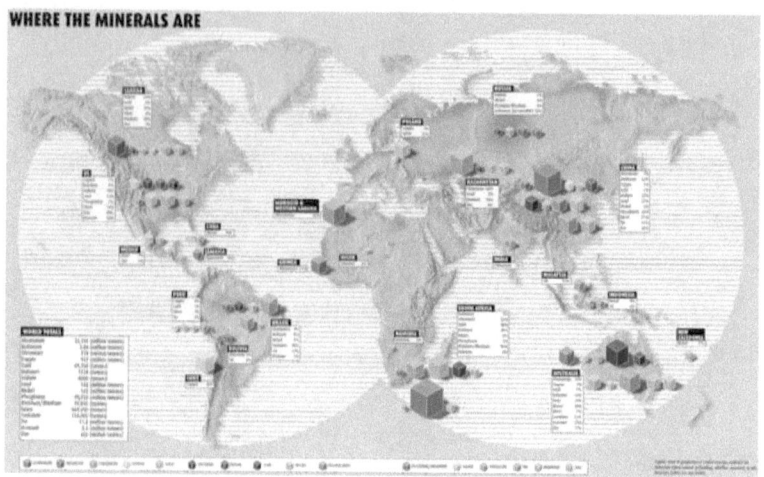

Modelo pueblo

Flor del Campo

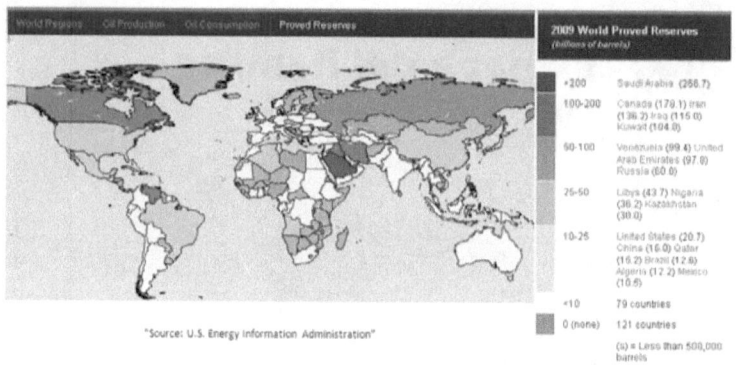

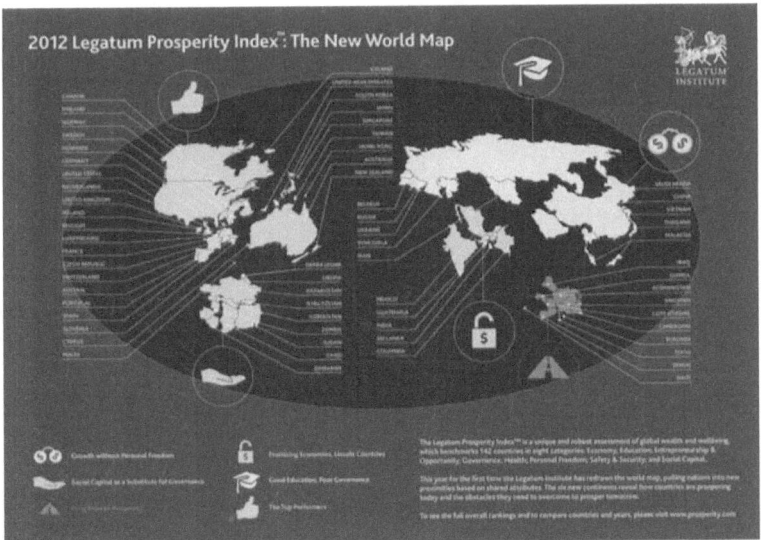

This book is addressed to my people: to the rich because I know you can count on them for good things, to the middle class because they are the columns holding our society, to the poor because they are the main beneficiaries.

Because I hope I can help so they wake up a fighting spirit for their rights but knowing that these have attached labels with duties. Because I wish they understand poverty carries dignity and then you grow… Because we all gain if they get better because **All of us will be better.**

About the Index

FAMILY	....	sympathetic
RELIGION	....	Look at something beautiful every day
WOMAN	....	show up
MAN	....	equitable
CHILD	....	smile
TEENAGER	....	smile more & more
THE ELDER	....	enjoy
INDIO	....	praise up
JUSTICE	....	more
POLITICS	....	less
UNITED STATES	....	respect, no intervention
REST OF THE WORLD	....	share
ECONOMY	....	understand
MONEY	....	right value
EDUCATION	....	nourish
WORK	....	noble
SOCIETY	....	one with many different
FUTURE	....	result of the present
MODELO PUEBLO	....	powerful

Flor del Campo

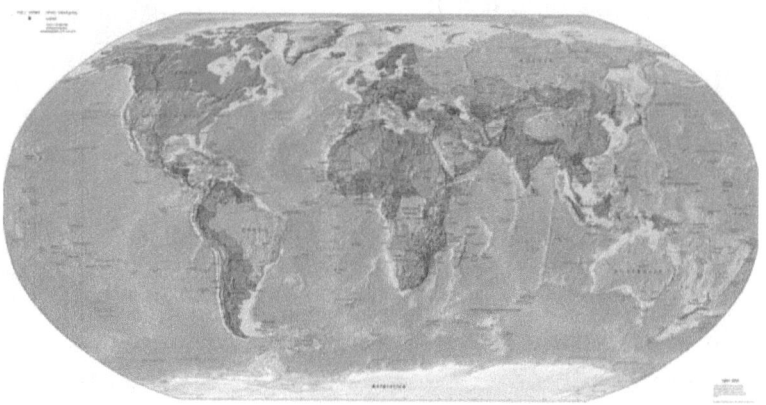

Prologue

MAXIMS:

1. FOREST: **Don't just look at the tree but at the whole forest**[8]
2. UPRIGHT: **Live upright in soul, in mind and in body** [9]
3. SMILE: **Take care of a perfect smile**[10]

---

8   Can you tell how often happens that we lose focus on things so that, we end up not looking at what we should be looking at but at what other let us see or at what they want us to see? *'Discern'* is one of my favorite words. The dictionary defines it as: Distinguish and differentiate one thing from another by making use of our senses or our intelligence... especially right from wrong; and give things their right value and deeds their thru meaning. Simpler: choose better

9   It is important to live upright in every sense. Surf the net for body exercise to strengthen the muscles around the column and more, so you be straight all the time. You'll look super! No few people around the world have a flashback of a Mexican sitting on the floor, crossed legs and bow head. See why I'm writing it down (?)...

10   As a child I was never taught dental care therefore, it was until I became thirteen that I learnt about the importance of an annual visit to the dentist (if you're not a smoker). If you pay a visit to the dentist (100 pesos approx.) he will remove whatever you didn't do through normal brushing and if a cavity were to exist it will be cheap ($150) and most importantly: *it won't hurt*. But if you go when the piece is bad: $600 and it will hurt the annestesyum. If the cavity is too big they will have to put a jacket and the cost increases ($1500).

4. REMEMBER: **Be up to date in history to build a memory**[11]
5. COMMON SENSE: **Say no to routine and always take the painless road** [12]

If you go when there's not a tooth ($3000) they will have to build a bridge to give support to the new piece. To do it they will have to slash both good teeth aside the space which in time you might end up losing too ($5000), etc. Nevertheless, the economic cost is nothing compared to the collateral damage: fake smile, facial problems and with the expression, shy communication with people, words with erroneous sounds, chewing and digestion trouble, harder work for the intestines, bad breath, breathing problems, etc. Did you know our ancestors had perfect teeth? No excuses: Wash your teeth time times a day. Remember you have *the UNAM & Politecnico* dental services at reasonable prices... we are joyful people... then let's show a broad grin.

11   Acquiring general knowledge is important and the knowledge of history allows a person to see beyond frontiers. Here's an example. Some months previous to the Berlin Wall fall event in 1989 there were many top people trying to intercede in the outcome: M. Gorbachev wanted to free Russia from Communism, and included it in his Perestroika because it was clear to him that in the long term, Communism kills the morale of a society. Gorbachev knew that tons of money would be needed to re-build their country. Germany on the other hand, was embracing the idea of a re-united Germany... to this date History Chanel has a spot where you see different flashes of the whole event and hear Ronald Reagan saying "Mr. Gorbachev tear down this wall" and then you actually see people tearing it down. You could be thinking "Oh, this Mr. Reagan is really powerful!"... Attention: Germany paid millions to Russia to get their Eastern Germany back.

12   I've learnt that keeping myself busy, getting to know places, learn new things and keep the doors and the windows of my soul opened have helped me to grasp the incentives to rejoice in a peaceful existence. This is something like being in good terms with me. But I have also found out that whenever I choose a path of stones I get a feet-ache.

6. UNION: **We are ONE country molded by many societies needing to apply "the efecto muégano" (cohesiveness).**[13]
7. DEMOCRACY: **Democracy = do what the majority demands + do once what some people want and other once what some other people want**[14]

---

13   Part of the USA greatness is due to the country's size and number of population (about three hundred million people). Mere economies of scale: larger production, lower cost, higher wealthy. I ignore how it happened but I learned that Belize is now "British Protector" (?). Only some years ago Puerto Rico became an *extra star* of the USA's flag. China has taken control of the Tibet although its extremely large territory. (The Tibet is only a tiny Buddhist country that could have meant Rome to Asians. It's a shame that Chinese people don't respect the Tibet's autonomy likewise it's a shame that nobody interferes). Israel struggled to keep hold of its territory and has done it thanks to the USA–United Nations help. The Arab World remains although is having difficulties with the stabilization of the area. It was in 1997 when Britain had to give back Hong Kong to the Chinese society after almost one y hundred years of British administration. South Korea keeps diplomacy at their best to re-unit with its Northern territory… and, Mexico? We have all these subversive groups keeping on trying to divide our people. Why is this? Could it be because in general we own a fertile soil and good weather? Or because we still have oil? or, because our country faces at two oceans? Or because our country is as big as the sum of six European countries (Spain, France, Italy, West Germany, Belgium and Austria)?

14   Greeks invented democracy more than five thousand years ago and with it they found peace among their citizens. A contemporary example: there is a street near my house, say of 900 m long. There are mainly houses or small villas of 6-20 houses. It's a two-way street with enough space for three cars running at the same time over it. Everything would be all right, but guess what? There are two huge schools creating chaos from Monday to Friday and to make things worse neighbors and visitors tend to park on both sides of the street! It's really a nuisance and it has resulted in lots of problems among the inhabitants. Some want schools to be closed. Other want the street to be a one-way only street. Other want to forbid parking. Other want to get crazy… all of them vote differently. They got a bi-fold agreement lastly. First, the street should be one-way

I've been thinking in writing to you, how long for? Say for 35 years? Every time I chose to do it, so it came to my mind ideas like what for should I do it when you might not even pay attention about it at all, perhaps you would laugh at me or even find me ridiculous or you wouldn't mind at all what I'm telling you…

Hi, how do you do? These ideas of writing for my people have been a constant in my life. Perhaps as the only way I feasible see in my reach to stir up a transformation to benefit WE-ALL… Being clearer, the idea of writing has just between twelve and fifteen years. Before that, I used to dream of approaching you, talk to you and persuade you that we can change things if we want to but, every time I pictured my actions I saw myself in a dead end road where you wouldn't even notice me, or you would be interested but consider the matter impossible that is, you'd rather stay with what you had because it was safe and known… Of course at the very beginning of this dream of mine I reached the perfect dream where you cared for, listened to me, and we got things changed and then I'd be a heroine. You know. The p*ipe dreams* of a teenager.

But since then, one thing I know is that I have always wanted to do something… Please, allow me to use one gender avoiding the "men, women, etc." as ex-president Fox used to do. I'll be precise only when needed though, I wish we had something like *"les señores"* (in Spanish) as French people do. Oh, one more thing. I apologize for the informality in not

---

at rush hour. Second, parking would only be on one side of the street. Nowadays the struggle is because some don't stick to the hours of one-way only and other park on the wrong parking side arguing that they have the right to park outside their home. I say, wouldn't it be a solution to force a fine for those who ignore the rush hour one-way only street? Or to set a mechanic pen to limit access and also to alternate the side to park say, every 6 months so that everybody can enjoy parking their car right outside their house at least for half a year?

using "Mr." and "Mrs." when mentioning "personalities", but you and I know that over a conversation among friends, this is customary.

I have always believed in free will knowing you and I have different viewpoints, but I have also always believed this world can be better if you and I participate. I must say we may never achieve anything. I may be running into a wall; change may be inconvenient to some people without dreams but their own. But even then, I'll do all the necessary to avoid this book becoming "dead word". Thus, as you go on reading its pages, all I ask you is to think it over, and get convinced this is possible. Remember, it will only take you and me to get it… and I am already included… For many years I thought and thought and thought almost to despair in regard to all of our problems…: hunger, poverty, injustice…, the abuse, the waste, the overspending…, the indifference.

I've always been a dreamer and looked for the right solutions. It makes me mad, like you, when things don't go the way they should. …My memory takes me back to my thirteen's. I used to listen to adults talk about corruption, unemployment, low wages, dishonest politicians, etc. I remember thinking things would change; believing problems could be solved for good and our society would be better soon after. Unfortunately, as the years passed by I noted that changes wouldn't come and we continued having the same of the same. Then, as nowadays, I got myself playing chess where every piece was actually a trouble and I moved the pieces of my game trying to find the best move. I always found one. But of course, it was only me moving the pieces.

It's fresh in my mind when I read voluntarily my first book: *Papillion*. Oh! I like it so much! By the time I was twenty, I was an avid reader. It was in those days when I came across a book that would mark a milestone: *The man in the grey flannel suit*. This is the story of an American ex-combatant of World

War II. When he returns home after being injured, he comes back to the same life as before but he happens to be a different person. He's now bitter, indifferent, and too much down to earth. I don't remember whether he is already married or gets married after his comeback. Anyway, eventually he gets married, has kids, a house, a mortgage and an employment like anyone else. But poor guy, he lives tormented in his mind for all he had to go through at war… "There goes a *nonada*"… this is half the phrase he invented from his days in the battle front and it comes to his mind whenever he's afraid, feels tormented or freezes. But knowing he has to face the situation, forces his mind to finish the phrase and says: *"There goes a nonada… it will be interesting to see what happens"*. Believe it or not, this is the phrase that has brought me here. Then…, why not? Let's you and I create the MODELO PUEBLO.

1. Family

One of the many blessings our society has is our concept of Family. We don't hug and kiss a lot but when someone at home is in pain, I'm in pain too. If someone is unemployed, he's covered in the meantime. If someone else gets in trouble or accident, there goes the whole family to give support and comfort. But we have this togetherness (which sometimes is more than like a praline or "muegano") to blame for all we had put up with so many bad governments, so much robbery, so much moral turpitude. Nevertheless, family has been the real bastion of this country and honestly, I'm proud of it. I like to know that no matter what, there are some people in the world standing by me as I am by them.

It's clear to me that not every family gets along the same. But honestly, which one does? ... Consider that you can choose your friends but your relatives are given to you simply *by default*. Add their strength or weakness characters. Also add their different skills and intelligence and, what about their mood? Oh! Some people at home are a pain in the neck, when on the contrary, other have a beautiful sense of responsibility. Those helping to sort out any situation are the tolerant. Then you have the dominant, the spoiled, the abusive... ask me about it since I come from a dysfunctional family. However, doesn't it seem to you particularly interesting that our country obtains always a bunch of medals at the Olympics for the disabled? ... It would be family-healthy to get together for fun not including watching TV or going shopping. Cohesiveness comes along and gets better as the sum of free willed people sharing.

To speak about family in this country brings along food, traditions, partying, good mood… Our good sense of humor, by the way, I put it to our delicious food (best in the world in my opinion) and to our wonderful weather (without the snow or tornados of many places in the USA, the half year winter of Scandinavia, the extreme heat and desert of say Arabia, the Siberian wind of Korea, the rain in torrents of the Philippines, the icy cold of Russia, etc.). Notice we don't have the poverty level of Continental Africa or Bangladesh thanks to this weather. I think all together this is why we love partying. Someone who was very dear to me told me one day, when we were talking about how lucky Europeans are for having valleys everywhere, which brings down building costs of highways and train railroads whereas, it's so expensive for us having so many mountains. This person said to me "But imagine, maybe we should have to thank Sierra Madre for all the fertile soil we have considering we are located at the same latitude of Arabia hence, we could have been all desert land in this country otherwise(¡!)".

What do we need?

- A green park every five or ten squares. Another park with different courts and games, a library, handcrafts classes, and more or, at low income areas say only one park but containing everything, and at mid income areas a park maybe every twenty to thirty squares.
- Declare Sundays an off day for everyone (with some exceptions)
- Improve living of disabled people.

2. Religion

Common word tells you to avoid topics such as politics, sex and religion if you want to be in good terms with your neighbor and, I agree. Every person is free to practice the religion that better suits their criteria and values. At the end of the day, it doesn't matter what religion you follow but the faith you have. This is why I love dearly Pope John Paul II. Among the many great things he achieved is that he was able to gather together all the top people of the main different religions to bind in real friendship.

Ok, now you may be thinking "This *old* woman is already selling her religion and must be a fanatic"... Yes, I'm catholic but believe me when I tell you that I'm too far from being a fanatic. I have to confess I'm catholic for the same reason many people are, and this is because my parents are and they simply sort of passed it on me.

Being honest I must say I lived with no faith at all for a while because I questioned and even refused my religion. But then one day I experienced difficult circumstances and had a real need for God... it was then when I merely took back what I already knew. Not because it's the best or because I have no doubts in my mind or because I blindly accept its commands, but because this is what I know, I feel secure and also because I need to embrace myself to God and thank Him for all the good in my life and cry for my sorrow... but you, you embrace that religion you want, *just do it*. But **without fanaticism** like some people do. Look around you and notice for example, Jewish and Palestinian societies. They've been fighting for years and years, innocent people die every day and there isn't anyone to stop them. See Mr. W Bush saying "this is a saint war" after September 11th. The world knows he's a fan of religion and tell me, what are the Muslims of the Taliban?

But please, if your religion prevents you from participating in political matters I beg you to take in mind that **this is not the topic** within this book.

I know there are at least 2 controversial matters:

- How to prevent child molesting: children should never be alone either on the street or at church or at the school. Therefore it should be ruled by the church so that children must always be in pairs and never be alone.
- Should marriage be permitted? ... And this is all I'm saying.

Remember the 7 capital sins:
1. Greed - Wanting too much of something.
2. Gluttony - Similar to greed, but gluttony is the action of taking too much of something in.
3. Lust - The need to fulfill unspiritual desires (not just sexual desires, but this is usually what lust is associated with.)
4. Envy - Jealousy; wanting to have what someone has.
5. Sloth - Being too slow or lazy at doing something.
6. Wrath - Vindictive anger; angry revenge.
7. Pride - Being too self-satisfied

3. Woman

I do have lots and lots to say here. We are important, fundamental, precious, careful, hardworking (most of us), tenacious, vain, talkative, and much more that it would take a lot of time to describe our attributes. But I must also say we are scary and sometimes bad persons even. Speaking about "bad people" I've come to the conclusion that a person 100% good or 100% bad doesn't exist, but since we're judge for our behavior, it's the total weight of our actions that defines us. This is why you must be careful because only one action can spoil a good part of your life.

Definitely, you choose how you live your existence but something I can't stand is bad mothers. If you're one stop cheating yourself. There's always a way out. It's better to give them up instead of continuing harming your kids. Just the same if you're pregnant. Please, don't be a coward abandoning them alone in the street... there are many institutions willing to take them in happily. And for God's sake if you care for someone or something don't force your kids to work in the streets. You're "fucking" their future because you are killing their self-esteem today. Do you know what this is?

Memorize this: childhood is the most important time span of any person that is, from womb - newborn to 12-15 years old, kids are the most receptive and learn the most too, during this period; herein is when they really grow up to become individuals. Did you listen, woman? Don't you dare to give the lame excuse of blaming your husband, or blaming your mother, or other..., NO EXCUSES! There are a lot of institutions willing to help you (public and private associations, Neurotics Anonymous, etc.) all you need is to volunteer yourself to get to anyone of these... About single mothers there's only one thing to say, be intelligent and think ahead how to be mother and father. No matter what they say I'm convinced is the mother who brings up children. Who do you think causes "machismo"? ... Women have an enchanting tendency to blackmail.

Modern times have brought in a change of traditional roles in men and women. Years ago the provider used to be the man while the woman would take care of the house. We all got used to it and this is why imbalance occurred with many people suffering the consequences. Men complain that women are detached since we women "read & write" more than before, that we're sort of bossy, sort of cheeky, etc. Men were too much used to having women obedient, self-sacrificing, sickly sweet, emotionally and economically dependent, compliant, and more. On the men's side we have that women used to be accustomed to feel protected in every sense by their men, we trusted their judgment beforehand over crucial matters, and other.

Above all, I think the best to prevail on both sides is honesty towards one another. It's no longer valid to have a woman behaving obediently and time later have the same woman showing the claw. Quite odd, isn't it? ... This is why women have to get further education (though both, men and women have to do it). Get a degree, no matter in which area but do something along this line. It isn't for what they technically learn but because they do well for themselves in the process (pertinent is to remind women mature earlier than men). Furthermore, women value themselves higher, their self-esteem rises; their life expectations and the way they see their global environment improve, they are able to discern when decision making is needed; they are more independent, etcetera.

It isn't determinant if women decide to marry right after they finish school and have new expectations such as not to obtain a formal job. I'll tell you why. Naturally, women spend a lot of time with their children having therefore, much more daily coexistence. As a mother, the more she studies the more she'll be able to guide her children...

Fortunately, our society is changing and the actual trend is to have a more participating father towards his children's education. The reason is money. It has become more and more difficult to make a living with only one salary in order to sustain a household, persuading thus the spouse to get a job too. This situation presents a twofold benefit: one is that having two salaries the family can get more than the basic stuff and make allowance for some things more, and the other is that the wife can follow a further career and get the satisfaction that comes with it. Look at what the Scandinavian people are doing: to my understanding, the youth in these countries have the right to obtain a formal job just after finishing school. They can go up the ladder as high as they wish or are able to. And, when paternity comes, the wife is granted with a 6 month off job period that can partially be taken by the husband. The husband then can take care of the baby for 3 precious months. Besides, either of them can extend the period up to 3 years with the position at the office on hold. It's simply marvelous to stare at these young families so relaxed. Believe me when I tell you that it hurts to see so much wellness there, you tell me why (?)

I've been giving a lot of thinking to women's physique. We're complex creatures.

We're romantic but ambitious, patient but stubborn, hardworking but loose. Generally speaking, marriage is of greatest significance but we want to keep our independency and freedom. Lots of us take food as an excuse for everything: if we're sad we eat, if we're mad we eat, and later on we have to deal with those extra kilos and with those stretch marks and have to see our skin getting flaccid and flaccid and also, we have to notice that every time we gain weight our body becomes shapeless. Furthermore, as you may have probably become aware of, every time you're on a diet to loose kilos you don't lose them where you need… A psychologist would tell you that your physical and mental condition will tell you how much you love yourself. Of course, I'm not talking about women with health issues.

Wise up, woman: we look beautiful slim, men prefer slim women and above all nicely dressed (by the way) and the only way to lose weight *permanently* is following a low in sugar- oil- and carbohydrates diet and exercising. You only have to reduce your daily calorie intake about 250-300 of the 2000 daily calorie intake (but it's according to age) and exercise for, let's say, 60 minutes. You can split the time in several sessions through the day or maybe do it watching TV, but it may be better if you could go to the gym to loose fat, tone your body and improve your heartbeat with aerobic exercise, weights and a treadmill machine or another alike. This way you will lose up to half a kilo a week… it will be a slow process but unharmed in every sense. Delete the word "diet" from your mind and eat all you like but in the right portion! Don't trust any miracle drug because in the mid-long run the only winners are the owners of these fake products becoming millionaires, and you? Bouncing and bouncing (yoo-yoo diet). I was told of some effective products (though they weren't good for me) but it costs one thousand pesos/bottle! And it lasts one month only… Clear-minded people save around one hundred daily calories on weekdays to please themselves on weekends. Bear in mind the saying: "have breakfast like a king (low in fat and sugar), have lunch like a prince and dine like a beggar"; this has indeed worked for me... And lastly, listen to me lady: the way you live your life is the same your children follow... see all the damage brought about to your body by overweight: problems in your heart, diabetes, kidney malfunction, digestive problems, circulatory disease and more.

Some advice to you:

- Be honest with yourself above all things, circumstances and persons.
- Take care of your appearance and personal image.
- Never humiliate a man and all the more so if he's your husband, partner, brother, father. And vice versa.
- Nourish your mind throughout your life without any excuses.
- If you recognize yourself in trouble, look for help.

What do women need?

- Be educated.
- Love and cuddle yourself.
- Safeguard yourself.

4. Man

I don't know what it would be of women without men (and vice versa). God put us in the same place for a reason and made us so different only to complete His creation. ¿what do I like best of a man? Mhmmm… The way they talk and their tone of voice, the way they move, I love them caring for their image; to use shine shoes, it's mesmerizing to see a man making the effort to be a good father. There are so many things…

I think everyone should read *"Women are from Mart and men are from Venus"* prompting a better understanding among both" (and woman should read *"Women that love too much"*. Both books should be a must in any library)… But there's something that worries me: every day I see more and more men fat, pot-bellied, bitter, resigned almost-to-go-to-hell, like defeated. Honestly, I believe it's been a burden for them this social revolution of women's emancipation, the lack of employment and the fact that they compete against women for job positions and also because as a result of this situation they have lost their traditional "role", having women less dependent.

Many men don't know how to approach a woman, they get sort of cohabited, like a little afraid. If you're one of them I must say that you have to let yourself be. I have a vivid memory from the days we came back to Mexico when I decided to get a job. Since the previous weekend I bought newspapers and surf the net. By Monday first thing in the morning I had already a route planned of the companies I would visit. Anyway, I got to the first company of my interest, ran whatever tests they wanted me to and I did the same thing again and again. After three weeks without a job, I finally landed on a firm where I was even congratulated for having got the highest mark on the exams. By then, I had already visited at least thirty companies… The same happens with relationships. It always hurts when you receive a *no* answer. But then you turn around and there might be the right person for you. It's so nice to have a partner! …, and this applies to homosexuals too.

I think it would be interesting to know if nowadays there are more gays (and why) or we see more because they have come out of the closet… I have two more things to say. It hurts seeing more homosexuals because this means there will be more women without a man. It also hurts to see that homosexuals (and lesbians) many of them are on their own whereas they should be living in community. What matters are the people; not their sexual preference.

Sports are something men really need, in my opinion, even more than women. I share their taste for soccer. I just love it. When I was in my teens I was a truly fan for a period of time. These days I eventually watch a game of the finals and of world cups.

I finally need to add something about professions. I strongly believe it's crucial for men, even more than women, to be trained in a trade or profession. Thus, aim your mind to something you like and get specialized to perfection. It's something like if you're good at woodwork you'll get to be the best carpenter and so on. Another subject to study would be how to draw men's attention to work for a company (also women's though).

I notice many men don't like to have a boss, be told what to do, have office hours, have to work five or six 5-6 days a week, have to remain in the same company or the same position for ten, twenty or thirty years, be limited about vacation days, etc. I believe this situation could improve a lot if there were more flexibility in office hours, job positions, periodicity, benefits and awards and other similar. In the end we can reach a "you win I win" benefit.

What do we need?

- Work for a better life

5. Child

I know you've heard many times that children are the most beautiful creatures in this world, that they are the future of a country, and more. Guess what? It's true!!! Every single new life is simply a miracle. To parents it means their free ticket to posterity, the satisfaction of rediscovering their existence, to permit yourself be a child again, be given the opportunity to teach your child so he/she may be better than yourself and then by consequence, you'll be better. Children are not only the future but they are also the present because they let us know how we are and how we're *gonna* be.

Children need only two things: **love and respect**. The rest comes as a result of these. Research after research shows that biting to educate doesn't help, it's as simple as "love brings in love, violence brings in violence"… Have you ever noticed how perfect we are when we are borne? Unfortunately this perfection fades away through life being replaced by scars in our soul. How many scars in your soul do you have?

What do we need?

- Give our children love and respect

I know this is the kid's chapter but I also want to include here the animals merely because they are equally vulnerable. Please, remember there are shelters where they can receive those pets you don't want anymore. Also remember we have the anti-rabies place and other like the National University and the Polytechnic where you can take your pets for medical care. Don't harm them. Have you ever read this poem-history?

Week number one: I'm one week old…! Such a joy to be in this world!

One month. My mother takes good care of me. She's a great mother!

2 months. Today I got moved away from my mother. She was quite anxious, and said good bye with her eyes, hoping my new "human family" would take good care of me as well as she.

4 months. I grow fast, everything calls my attention, and there are kids in the house that are like little brothers to me. We all are restless, they pull my tail and I bite them playing.

5 months. Today they scolded me. My master got upset because I peed inside the house, but they have never showed me where to do it. Besides I sleep in the bedroom. I just couldn't hold it!

8 months. I'm a happy dog. I have a home, I feel so safe and so protected. I think my human family loves me and indulges me. Whenever they're eating they give me some food too. I have the backyard for myself and I can be at easy caving like my ancestors the wolves used to hide their food. They never teach me manners; I suppose all I do is ok.

12 months. I'm one year old today. I'm an adult dog. My masters say I grew up more than they expected, they must feel proud of me!

13 months. I felt terrible today; my "little brother" took away my ball. I never grab his toys. Thus, I took it from him. But my jaws are strong now and I hurt him accidentally. After the incident they chained me, I almost couldn't move till up late in the afternoon. They said I'm going to be on observation, and that I'm ungrateful. I don't get it.

15 months. Nothing is the same anymore... I live on the roof floor. I feel very lonely... My family doesn't want me anymore. They sometimes even forget that I'm hungry and thirsty. When it rains I don't have much of a shelter to get covered.

16 months. Today they took me downstairs. I was sure they've forgiven me. I was so happy that kept jumping gladly. My tail seemed like a windmill. Even better I thought: "they are taking me for a stroll". They drove the car towards the highway to come to a sudden stop. The door was opened and I happily got off, believing we'd have a picnic. I don't understand why but they closed the door and rushed away. "Hey, wait!" –I barked... "You're forgetting me!" I ran after the car as fast as I could, I panicked when I realized I almost fainted and that they wouldn't stop. They had abandoned me.

17 months. I've tried in vain to find the way back home. I feel lost and I am. Alongside my pathway I have come across good people that sadly see me and feed me. I thank them with a glance from the bottom of my soul. I would like them to adopt me and be their most loyal but all they say is "poor little dog, he must have gotten lost".

18 months. The other day I passed by a school and saw many kids like my little "brothers". I got near, and a group of them laughing, threw a bunch of stones at me, as to see who'd aim the best target. One of the stones hurt me in the eye and since that day I can't see with it.

19 months. It would seem a lie but people used to be fond of me when I was prettier. Now that I'm skinnier, I look different. I've lost sight on one eye and people tend to literally, sweep me away whenever I pretend to lie down at their shadow.

20 months. I almost cannot move. Today when trying to cross a very busy street, I got ran over by a car. I thought I was safe standing by the curb but I will never forget the driver's face of satisfaction when he centered the car to hit me. I wish

he had killed me. But instead I just got a dislocated hip. The pain is awful, my back legs don't respond me, and I had to drag myself with difficulty towards a grass path at the edge of the highway.

I've been here for 10 days at sunlight, rain, cold, without food. I can't move at all. The pain is unbearable. I'm very sick, this place is very wetty and it seems my hair is falling, too. Some people pass by but don't even look at me; other say, "Don't come any near".

I had almost fallen unconscious; but some strange force got me to open my eyes. The sweetness of this voice made me react: "Poor little dog. See how they had let you" I heard this woman say… Beside her there was a man in a white robe, he started touching me and said: "I'm sorry ma'am, there's nothing else to do for this dog, better we stop his suffering". There were tears in the gentile lady's face when she agreed. As I could, I moved my tail and looked at her thanking her for helping me to finally rest. I just felt the stuck of the needle and got asleep forever thinking why I had to be borne if there wasn't going to be anyone to love me.

> The greatness and moral progress of any nation can be measured be the way their animals are treated.
>
> **Gandhi**

What do we need?

- Love and respect for animals

6. Teenager

It's a huge affair being a teenager. To discover every day how your body is changing and that you're suddenly in a different mood without noticing it. You live absolutely preoccupied for your appearance; friends mean everything to you. Some days you feel like you hate everything around you, while in other you feel on top of the world and able to conquer everything you are up to, but most of the time you feel a terrible laziness. Oh, and to add insult to injury if you happen to be a teen boy, you're pure hormone in movement!

If I were to choose an inconvenient of being a teenager I would say is this monstrous laziness that sometimes seems to control our existence. I remember when adolescent my parents wouldn't but name me "lazy" and "irresponsible". It's not that they called me such too often but since they didn't say other like "how pretty you look today" or "I'm glad you got good school marks", etc. Then if you just took their words and added them up to all of my inferiority complex, my fears, and my *no-haves* and more, then we had as a result a delicious insecurity cocktail...

I watched one day on channel 11 a documentary about adolescence which among other things described this laziness as an inherent part of this stage of our lives. Scientifically they put it to the tremendous effort our body and mind go through due to growing so fast in such a short period of time. This is why it is so important that you sleep at least nine hours every night and eat well enough including fruits and vegetables, to compensate for all the exhaustion of having all of your muscles, bones and organs being developed. The moral here is that this awful laziness is temporary and that the only cure is the day by day willpower you have to have to face your engagements (you know; the school, boyfriend/girlfriend, your pals, and the night club and so on).

One more thing: Consider your brain will continue to develop until you hit twenty one. Drugs kill millions of neurons in every *journey* and alcohol's addiction is also more dangerous the younger you are.

If I ask you to do or not to do something you will ignore me the same, but anyhow I can't avoid telling you some things:

- Say "no" and tell about it to someone you trust… Always-always have a confident.
- One doesn't mingle with bad people if one doesn't want to mirror in them.
- We're all vulnerable to something. If you understand yourself vulnerable to alcohol or drugs or whatever, ask for help as soon as possible.
- At your age daily cleansing is particularly important. You have to change underwear daily and at least take a *French shower*: face-armpits-*"colita"*-feet… and be aware of bad odors wearing deodorants and avoiding stinky tennis shoes (plastic), and washing them weekly. Take care of your feet as much as you do it for your face, they hold you and take you everywhere.
- Only when things value a cost, you value them.
- Adolescence lasts too little and it's precious. Get the best of it! Enjoy yourself! Have fun with your friends, please, have lots of pals! Devote yourself to discover everything around you, till you reach

the stratosphere and from there on. But remember there are rules and there's something called respect. This is life my friend.
- One last thing but maybe the most important. Dream! Have as many dreams as you want. They're free of charge, and nourish your life!

What do we need?

- Evolve!!!

7. The elder

Every one of us will one day be an Elder. How am I being prepared for that future? I try to eat well though I love Mexican fast food. Let's just say I love a handmade tortilla just cooked on the grill. I do exercise several months in a row and stop since I'm not a sports lover, but otherwise my dogs "take me" to stroll about to the park almost every day. I nourish my mind very well (This translation is also mine. It will be reviewed if I can afford it. Otherwise, I apologize for any "*erroretions*"). I always try to keep myself busy. I'm starting to safe money for my golden years and I have Social Security, so one day I'll get retirement money and medical service throughout my life. I've planned the things I want to do then... And I ask God to grant me a good old age... if I have to have one.

Something I do not like is that I'll be called "anciana" (old woman) right after I become sixty years old. Think about this. We're children for 13 years, teenagers for 8 years, adults for 39 years..., and oldies for 30 years! Could you please call us "*senior*", "*seniora*" instead?

What do we need?

- Solidarity, empathy, love

8. Indios by origin-native indios-Mexican indios

First of all accept an apology if the term "Indio" sounds grotesque to you but in my opinion the word "indigena" sounds worse. Being more precise I think that "indigena" sounds better but I can't avoid relate it to "indigente" (homeless).

I've been for years listening to their claims for their rights without getting answers. I believe indeed that Mexican Indios are the most neglected social group in this country. (In 2012 the natives' population was approximately 15 million people). You only have to see not only how they live but what they eat; how they get their meals and what else they have. In Finland they have their natives called Lapons. There are only like four thousand people left due to, as it happens in most aborigine societies, their settlers go little by little adding themselves to the vast majority of society. These Lapons live within their own Lapon territory or boundaries by hunting, hand craftsmanship, tourism and other. It would seem they are happy..., and I believe they are. If you see them, they are independent but at the same time they fit in perfectly well with the rest of society, meaning, they are equally well nurture and overflow with lust; they are of the same height and have warm coats, public services, their shack contains what they need, they have medical service too, and so on.

I think we're wasting the knowledge and talent of our natives. Many of them have excellent skills. I had two workers in the construction business of native origin. One of them was very skillful. He learnt everything fast and well. When eventually we finished the work relation he was already a foreman. The other worker was not as skillful maybe, but he was very hardworking, a man of though work. I remember he had beautiful and very clasic nahua features, he was almost 1.70m high, he had a clean smile with beautiful white teeth, and he was in all an honest man. I keep precious memories of both of them... Several things to argue against some of our natives are for instance their taste for having many children as to have the help they need for working the land; that they just don't want to learn how to improve growth so their land will be more efficient, thinking maybe that if by working less and produce more, what the heck they are *gonna* do with the time left; that whenever they receive help they don't make the best out of it or they simply waste it; that they come to the city to live on charity, hence, cheapening their ancestry... and their race.

I remember that one day I watched a TV add in London: there is this African boy between thirteen and fifteen years old dressed the African way that is, wearing something like a one shoulder robe at knee height. He's inside a hut built with crude materials. The inside is utterly furnished, though there's not much you can see, really. The boy is sitting at the table. The furniture is hand made with local materials. Then, there is a close up and you see that the boy is writing on paper deducing he's doing homework. At that moment you realize he's almost kissing the paper since sunset has come out and he's just noticing it too, then he raises his arm and pulls from a chain and OH! The light is on!!! And he merely says "**What did you expect?**" This advertisement was by The British Electric Co.

> http://t.noticias.prodigy.msn.com/multinacionales-arrebatan-a-ind%c3%adgenas-una-de-cada-tres-hect%c3%a1reas:
>
> November 29, 1999. Multinationals snatch natives (indigenous) one out of three acres: A survey by Iniciativa Derechos y Recursos

found out that 31% of the 153 million acres concessioned in 12 Latin American countries, Asia and Africa were of communal property; Wirikuta in Mexico is an example.

According to the study, the gravest case is in a Latin-American country: Argentine, were 84 per cent of approved concessions to multinationals and destined to the growth of soybean, are on land formerly owned by natives years ago... In Chile, Colombia and The Philippines, it was revealed that 30.5 per cent of exploration zones by mining companies were snatched from indigenous. Even though this analysis doesn't include Mexico, which also faces the problem of land dispossession as the Wirikuta case has denounced... To Augusta Molnar, director of Iniciativa Derechos y Recursos, this comparison of multinationals-natives groups represents "a risk to investors to lose their money, to countries to get exposed to legal disputes and to natives which risk is to lose their daily sustenance"

Wirikuta case in Mexico: although not included in this study, Mexico carries several conflicts with natives aroused by government concessions to multinational companies for exploitation on acres of communal property land ... One example is Wirukuta, located near Real de Catorce, San Luis Potosi. The Economy Secretary granted 22 concessions to the Canadian multinational mining company First Majestic Silver, for the exploitation of silver on property land of the wixárica people (Huicholes), a sacred land... "Sacred" is not a pretext, in 1999 it was declared by the United Nations Organization of Education, Science and Culture (UNESCO) one of the 14 sacred natural sites of the world to be protected.

These concessions to the Canadian multinational have brought about several protests including a concert where various bands like Caifanes, Café Tacuba and Calle 13 participated, and which proceeds will be destined to several projects over the area in San Luis Potosí, and to continue preserving the ceremonial center... First Majestic Silver pretends to build a road in Wirikuta to exit its production, ignoring that the zone has been a natural protected area since 1994. This land has 140, 211 acres across seven counties in San Luis Potosí... Social Organizations have alerted the devastating consequences this mining project will have over the wirikuta people and the environment; that the Economy Secretary's permissions will cause pollution on rivers, land and the air... Not only these, but will threaten the survival of endemic and in danger of extinction species, like the royal eagle...

Wirikuta owns a plan that enables it to handle the law establishing the prohibition of mining activities over a great part of the region, and on those areas where permitted they have many restrictions like the no disposal of contaminated waste or a change of the river flow.

Violence as a 'solution'

Augusta Molnar emphasized to BBC World the legislation advance over land property rights conflicts, but observed that this isn't enough in most cases, because many times the law is not applied on dispossession of indigenous land... It alerted that most of the times conflicts are settled by police repression or with the military assistance to quiet down the demands of the native communities, and examples are plenty.

In Matto Grosso del Sur, Brazil, frontier state to Paraguay and Bolivia, 279 indigenous were killed between 2003 and 2011 for conflicts emerged due to the increasing value of land caused by the rise of raw material prices... "The solution is to recognize their rights and invest what's necessary to involve the communities as an integral part of an investment project design. This will give more certainty to enterprises about the viability and stability of their investment in the long run", Molnar insisted... "There are two types of conflicts. Sometimes is because a concession is granted on communal land. Other times is because it affects the life style of native people for being too close disturbing the water supply, something that happens very often with mining investment"... "This is not an issue to vanish like magic", she warned.

What do we need?

- Common will, common will, common will.

9. Justice

This is really a too complex topic. Just this morning I was looking at the litter on the street some people couldn't care less about throwing. I got out of my house and there you see the plastic glass of water, the sandwich paper bag, etc. Tell me what it is to you carry your crap to your final destination and dispose of it there (?). If you don't mind keeping the streets neat at least think in the street sweeper man and safe him work! To speak about the scum of humanity is a whole affair. First thing that comes to my mind goes bi-fold: the society's side (the cost to the country for having these people) and on the other the criminals' side, (why there are crooks, what to do with them and how to help them, if this is the case)...

The cost to society is extremely high and it includes having a police force (payroll, benefits, patrols, equipment, office space, electricity, etc.); the cost for a family means security items that go from setting bars to limit their property and protect windows and other alike, set alarm systems, 2 or 3 extra door locks, etc. up to paying bodyguards, drive armour vehicles, pay for specialized security personnel; then, have the government increase the police force and even make use of the military people. Additionally are the very high moral costs like living constantly in fear, to survive the trauma of any nasty event, to live enclosed between bars and have to live by as a result of these. By the way, I recently got a mail that reads "I want to get rid of my window bars so I can touch the flowers..."

The other approach would be to take into account the offenders, pay their medical expenses and specialists in criminology to study why their behavior, bring forward thesis and statistics, set up more rehab centers (though, I understand many end up being the opposite), make everything and everyone to consider their human rights and hope for the best clean-living. Again: a big concern! ... Society bitterly complains that why everyone has to live enclosed, why everyone has to mind their human rights, why each person has to pay their confined living as if on holyday, why one has to forgive them when they have embitter our existence many times to a point of depression and madness.

On the other hand, the criminals' argument says "I didn't know what I was doing", "I was an abused child", "my parents never looked after me", "my parents never loved me", "I never had someone to take care of me or at least show some fondness or a kind gesture", "people were always mean", "I didn't even went to school because we scarcely had food on the table", "my father was a criminal", "my mother was a thief", "my sister was a prostitute", "my...", "I..." ..."But I am also a human being". And then society answers back "Of course you are, I know you are, but you didn't mind I was a human being when you assaulted me/robbed me/kidnapped me..." and it goes and goes... and goes on.

Anyway, let's now talk about jails-drugs-criminals-corruption and how these affect us... In my perception drug addicts, criminals and corrupt persons are increasing. Why do criminals exist? Could it be as a result of abuse and their lacks? Could it be for all the bitterness, madness, and rage that they cannot contain and want revenge? Could it be because they just want to get things easily?

I am sure that wherever there is criminal, there's someone (father, mother, neighbor, brother, sister, aunt, etc.) that knows he is a criminal. Maybe when this person gets to know it, this person decides not to do anything for love or fear to the criminal. The saddest thing is that the longer this person takes to report the criminal before the authorities, the more and more dangerous the criminal becomes, that is, he is prone to damage-hurt-harm more people and more severely and consequently, the criminal's recovery gets more and more far away and is less likely to occur, while the possibility of something bad happening to him, increases too. Every time I think of this conspiracy I end up remembering the kidnapper "el mocha-orejas". This scum kept kidnapping people for a long time and when he finally got caught by the police, his mother rushed to defend him crying out: "My son is not a bad boy, mi son is innocent"…

http://t.noticias.prodigy.msn.com/internacional/miner%c3%ada-el-nuevo-negocio-de-los-carteles-mexicanos-17

22/03/2014 Mining, the Mexican cartels' new business

Having direct access, either by extortion or threat, Mexican drug cartels are extracting minerals illegally. According to authorities, the vast majority of such minerals are export to China. BBC World, Mexico City.

…It's been for several years now that criminal organizations like "Los Caballeros Templarios" and "Los Zetas" have been illegally selling iron and coal, which according to authorities and private groups only during 2013 it should have given gains to them of at least US$100 million.

The latest events occurred in the state of Colima, where 36 mines were closed down by the authority under the suspicion of these places being managed by cartels and where, this Wednesday, a cargo ship was caught at Manzanillo port carrying illegally more than 80 000 tons of iron mineral.

…According to Canacero (National Chamber for Iron and Steel) illegal extraction of minerals had been detected since 2008.

And in 2010 the PGR (Attorney general's Office of Mexico) admitted that the cartel called "La Familia Michoacana" –predecessor of "Los Caballeros Templarios"- had export that year iron mineral to China. Their gains then, were of US$42 million…

When China was invaded by the British during the eighteenth-nineteenth century a huge decadence to their society occurred and there were precisely the criminals, the opium and corruption to blame for it. Even though China was a millenary society of great tradition and evolution there was no human power able to stop such deterioration that brought about unprecedented poverty which in turn triggered more criminals, more opium and more corruption… This is why we urgently need the establishment of **A NEW MORAL**… and we all know it, don't we?

Here I briefly add, I can assure you that alcoholism and drug addiction can be cured but if the ill person isn't convinced of asking for help then the family must do it. *The Alanon* groups are also a wonder… Drug addiction is a matter to fear. If we were to take an extreme option we would legalize consumption.

At first sight it makes sense because smuggling wouldn't exist anymore and consumers would have their dose for sure. This means no more cartels, deaths, murders, corruption, and the like; neither more addicts hunting their next dosage at whatever the price. It sounds reasonable but I haven't heard much about the good results from Holland, and on the other side it may be questionable whether it might be the best solution when the USA, being the main consumer around the world, hasn't dared to take this step. That's why I think we have to conciliate. This means, make it legal for consumers of say, more-than-a-year while making them pay for it with community work plus their commitment to reading and physical therapies of whatever sport they prefer. Though, more intelligent would be by consensus with consumers, if they allow for it.

> Two states of the USA have already legalized consumption of marihuana:
> http://www.bbc.co.uk/mundo/noticias/2012/11/121113_eeuu_legalizacion_marihuana_colorado_washington_lav.shtmlhttp://www.bbc.co.uk/mundo/noticias/2012/11/121113_eeuu_legalizacion_marihuana_colorado_washington_lav.shtml

07/11/2012. "... (In Colorado) a 55% of voters favored the amendment. Thus, in this State -where 51% of the population supported president Obama's re-election and 47% the opponent Romney- it will be allowed, to 21 year and older persons to carry with them up to 28 grams of marihuana and to grow up to six plants at home. And this wasn't the only state that said yes to recreational consumption of cannabis. The northern state of Washington approved a similar amendment, also with 55% of votes, last week. Both states, in addition to allowing personal consumption of marihuana, will have an official license system to produce it, to process it and to sell it…"

Another concern would be over marihuana passive smokers. In the case of tobacco smokers, they are offered a special room to smoke their cigar whenever they buy at Tobacco Shops. Perhaps then, there could be some kiosks with benches at parks.
http://armillaantelasdrogas.blogspot.mx/2013/03/los-efectos-del-humo-de-la-marihuana-en.html:

20/3/2013. Daily contact with someone that smokes marihuana every day affects the "passive smoker". The mere breathing in causes the same effects, though in a lesser extent. However, after a long period of inhaling a great amount, a person can give positive if tested. The effects are even more dangerous on kids exposed to the marihuana smoke.

The effects over the exposure of marihuana on babies and children: Studies have shown that babies born to women that have used marihuana during pregnancy present varied answers to visual stimulus, increasing trembling, and high-pitched crying, which can indicate problems of neurological development. In the case of babies where the father smokes marihuana, the risk of infant sudden death is three times higher. During childhood and pre-school years, it's been observed that children exposed to the smoke of marihuana present more behavior problems and more difficulty to perform activities of visual perception, language comprehension, keeping attention on something, and of memory. Later on, in college, these children have a tendency to show deficit on decision making abilities, on memory and on their capacity to remain attentive. The studies also demonstrate higher tendency to anger and regressive behavior (suck their thumb, and throw a temper tantrum) among the kids whose parents consume marihuana over not consumer' parents.

… armillaantelasdrogas@ayuntamientodearmilla.com

Following on the same subject I say something must be done about the so many deaths between cartels because it's rising and rising and killing many innocent people in the process too. According to INEGI (National Institute of Statistics and Geography), the war against organized crime during the presidency of Felipe Calderón had a cost of 121,683 people with violent death. To understand the magnitude of this pitched battle you have to know that now cartels are "hiring" maras.

(http://es.wikipedia.org/wiki/Mara_Salvatrucha).

"...the extreme cruelty of members of those called maras o "mareros", gave place to be hired by the Sinaloa's criminal organization run by Joaquin Guzman Loera, to be trained in handling armory and counteract the Gulf Organization (Los Zetas), in a devastating war at the south frontier with The United States. Criminal activities of the Mara Salvatrucha include drugs sale, extortion, guns sale, hijack with robbery, and murder by contract, among other. In Central America their presence is due to deportation from the United States to their countries of origin."

A final word, I think we have to 'close' our south frontier to stop immigrants passing traveling on *The Beast*, the cargo train that is an offense to our sovereignty.

What do we need?

- The establishment of A NEW MORAL!!!

10. Politics

In my understanding a country can be compared to a family in order to easily grab the mechanics and then, search for the best allocation of resources within an environment of harmony. See how it is.

There exist the authority and persons relying on this people in control, and depending on how well the authority handles every concern, the result will be better or not so good in life. There are rules and agreements. Their living together is mandatory for all the individuals (since it was forced on everybody by a supreme being)… Every member has a mixture of feelings which complicates daily coexistence because every person captures the events and even the words in a different way. And then, add their tastes, their character, and their sense of humor and so on of every single person. Isn't it true that every person is unique? … "But what a nuisance, they have to deal with one another since they don't have another option!"

… "What? (The people in power *may* say)*And you don't like it?…Ok, Let's divide more, let's divide the society, have the poor on one side, the rich on another, separate the bad from the good, separate the ethnic groups, have more political parties (ARE THERE 8?), let's add more congressmen and more senators, and more and more bureaucracy, and given the fact that it is extremely difficult to have people agree, then, let's add more of everything and also, since agreements are something people in this country just don't reach, then let's pay huge salaries to all the bureaucrats. Furthermore, let's pay them extra time and super awards and vacations and benefits and... Oh! If people get uneasy then, just DIVIDE AND WIN! We could even sell part of our territory or something else, since these domestic people give a damn about this country as long as their existence isn't disturbed"...*

Many years ago I met an Italian man that told me "I just don't understand how you Mexicans having such a beautiful and rich country can put up with all the dreadful wrongdoing things these governments of yours have done and continue doing?"... Does it sound familiar to you?

Examples I can give you by hundreds and I'll be mentioning only those events of my lifetime. I had thought of filling this book with pages and pages of statistics only for you to remind or get you to know of them, but if I do it this book won't go public. Right now, I have fresh in my mind the IMSS (Social Security System) embezzlement, the PEMEX fraud, all the frauds and self-robberies at Banks when they were nationalized. And tell me, how you can call the excessive expenditure in every political campaign (?)... So much overspending and waste!!! Near my house there is a huge government building where the lights for the whole place are kept on all the night!...

STOP CORRUPTION AND ILEGAL ENRICHMENT... SO, LET'S TIGHTEN THEIR BELTS, REDUCE THEIR SIZE AND SET CONTROLS AND AFTER, LET'S SET CONTROLS TO THE CONTROLS AND LET'S FOR NOW ON PUNISH THOSE HARMING OUR COUNTRY!!!

http://t.noticias.prodigy.msn.com/negocios/forbes/listas/los-5-enemigos-de-la-productividad-en-m%c3%a9xico *march 8, 2014*

Five enemies of productivity in Mexico

What makes Mexican workers to be 8 times more productive in The United States than in Mexico? An expertise group in the matter gathered in Mexico City to find out the answer.

In 2011 there were 24 million Mexicans working in The USA, they produced a GDP of 25.6 billion pesos. During the same period, in Mexico, there were 48.3 million people working and they produced a GDP of 14 billion pesos.

"If only we had the same productivity in Mexico than those Mexicans working in the USA our GDP would double", assures Francisco Lelo de Larrea, CEESP's Sub director of economic research.

Demographic factors and structural changes were supposed to give an increase to the economy and to the levels of productivity, however the challenge is even higher when comparing by sector: the productivity of Mexican workers in the USA is 8 times higher in Agriculture, 7 times higher in services and 4 times higher in manufacturing.

What must be changed?

Expertise gathered for the economic observatory *México ¿cómo vamos?* concluded that low productivity has to do with systemic challenges. Next we present the main results:

1. Small companies have big problems: Companies employing more than 1000 workers produce a value for 13,000 dollars by employee, whereas those with less than 10 employees scarcely produce 7,000 dollars by employee. Why small businesses have such a low performance?

Pablo Ordorica, McKinsey and Co.'s director explains that companies in Mexico evade taxes saving 28% on payroll by not paying taxes and social security, this is why more than 50% of Mexican workers are within the informal economy and this is also increasing.

2. Government expenditure: The allocation of public economic resources performed without giving detail of destiny increased 10 times between 2013 and 2014.

Edna Jaime, México Evalúa's general director explains that public economic resources influence over the economic growth are not determinant because adequate monitoring does not exist about how much and how they are used, as a result, infrastructure projects tend to duplicate the time of performance.

"48% of clarification requests from the Supreme Federal Auditing Office belong to infrastructure projects; auditing arrives late, he warns.

3. Rule of Law: Isaac Katz, professor of economy at ITAM, points out that it is not surprising to have merely a 1% of economic growth, but what it is indeed surprising is to still have an increase given the current conditions.

40% of criminals in jail haven't been convicted and 50% of those in jail are for crimes which value is 5,000 pesos or less.

4. Security: In 2012, homicides in Mexico were as many as 50% of those committed in all the OCDE countries.

Alejandro Hope, IMCO's director of Security Policies, points out that 66% of people that lose their life to crime every year are younger than 40 years old, this way the country is damaging its potential productive capacity.

"The Inegi estimates that costs related to insecurity are close to 1.4% of GDP, but if we were to consider the whole lost in people's quality of life for living in violent environments this number would count for 8 to 15% of GDP".

5. Education: The probability for a person with only primary school or less, to finish working in the informal sector is almost 100%. However, having a master diploma doesn't imply a better definitive level of income, since 12% of Mexicans with a master degree end up working in the informal sector.

"Labor offer with further education doesn't meet demand of talent, areas like teaching specialization, electronics and philosophy have low possibilities of better income even if with a master degree", says Catalina Delgado, IMCO's consulter.

Do you remember the MAXIM FOREST? **Every politician is voted by the people; they must work with and for the people, and are the people through their taxes who pay their salaries! meaning: they have their meals thanks to the citizens!!!** Politicians work is about making the law by writing the law, discuss and vote these rules and, once accepted, they have to ensure these rules are obeyed, and look after the results through the bureaucracy. Their work is also to negotiate between particulars and witness businesses being solved and watch closely citizens' wellbeing with their environment... Well, it turns out that these politicians that eat thanks to you and me, eat much much better than we!!! No, no. They don't just eat better. No!!! They live a lot better, they travel a lot better, and they dress a lot better and even have a lot of money to save. They have huge savings!!!... Meanwhile, everyday our cities have more and more criminals, more street vendors, more insecurity, more shutting down of national fabrics, more corruption, and so on.

> http://www.mexicodemente.org/index.php?option=com_content& view=article&id=242:conoce-los-sueldos-de-los-funcionarios-federales-para-2013&catid=2:noticias: 11 de Diciembre del 2012

The Federal Expenditure Budget forecast for 2013 doesn't only include what every government branch and office has to spend, but also determines the salaries and benefits of public servants. Even though there will not be changes in presidency, secretaries or congressmen, senators, ministers, and magistrates have been given salary increases. Next you'll see the latest **monthly income** (in Mexican pesos) sent by the Executive Office:	
President	**Secretaries**
Base salary: $208,570.91 Ordinary and extraordinary Benefits: $142,227.91 Total: $350,798.82 [monthly] No changes this year.	Base salary: $145,820 Benefits: $52,366 Total: $198,186 [monthly]
Congressmen	**Senators**
Fixed Diet: $105,378. Benefits $53,359. Total: $158,737 monthly pesos Annual Income: 1,904,848 pesos. In comparison with this year (2012), there is a reduction of $1,166 pesos since the current Budget considers a monthly income of 159,903 pesos (including benefits).	Fixed Diet $171,444. Benefits $55,848. Total: $227,292. [monthly] Annual Income: $2,727,509. In comparison with congressmen, senators' salary will increase $1,537 pesos, since their benefits increased, from 54,310 to more than 55,000 for next year (2013).

Flor del Campo

Supreme National Court of Justice Minister president	Ministries
Base salary $356,242. Benefits $94,114. Risk payment $ 59,548 Total $509,905. [monthly] Annual salary: $6,118,837. Current monthly salary: $491,064.83	Base salary $208,000. Benefits $66, 482. Risk payment $75, 517. Total: $350,000 [monthly] Annual salary: $4,200,000. Current monthly salary: $333,248.
Tribunal Electoral del Poder Judicial de la Federación	**Magistrates'**
Magistrado presidente Base salary: $350,488.75. Benefits:$99,866.33. Risk payment: $59,548. Total: $509,903.08 [monthly] Current monthly salary: $491,064.83. Annual salary for 2013: $6,118,837.	Base salary: $208,000. Benefits: $74,252.25. Risk payment: $67,747.75. Total: $350,000 [monthly] Current monthly salary: $333,284.41. Annual salary for 2013: $4200,000.
IFE (Federal Elector Institute)	**IFE's Executive Secretary**
Electoral Counselor Base salary: $252,801.41 Benefits: $84,426 Total: $337,227.41 [monthly] Annual salary 2013: $3,033,617 No changes in counselor's salaries.	Base salary: $216,969.33 Benefits: $73,193.16 Total: $290,162.49 [monthly] No changes in executive secretaries' salaries.
Reduce salaries does not impact the economy.	
Although top public servants' salaries are high to the rest of population, PhD in political science of Technologic of Monterrey, Gustavo Lopez Montiel, assured that lowering them wouldn't have any impact on the economy. "The impact wouldn't be as high as it may be thought, since some studies indicate they would add around 002%, this phenomena is relevant because is mediatic and about justice", he emphasized. He accepted that this level of salaries make evident the existing bridge between the population and public servants, a prevailing situation also in other countries but not as noticeable…	

A question, how can these people say that such amount of money has no impact on the nation's economy? If I were offered any of these positions, I would be willing to accept a modest salary for the whole 6 year term only for the huge pleasure and satisfaction of serving my people.

http://www.conasami.gob.mx/nvos_sal_2013.html

NEW MINIMUM WAGES 2013, FOR GEOGRAFIC AREA GENERAL AND PROFESSIONAL: The Representative Council of the National Commission for Minimum Wages agreed to give a **3.9 %** general rise to the two geographic areas for 2013. The new prevailing minimum salaries from January 1st, 2013 are as follows: geographic area "A", **64.76** pesos daily; geographic area "B", **61.38** pesos daily. *[Around $2000 pesos monthly]*

[Even though these salaries are more like a reference, let's say that a *young professional* earning 10,000 pesos a month can consider himself fortunate]

---

http://www.0686.org/question/20130411210718AA2k6bo.html

How many senators and congressmen are there currently (2013) and what percentage belongs to each political party?

Answer: The Senators Chamber has 128 members, from which 64 are elected in their state, 1 is granted to the first minority, and the other 32 are elected through the principle of plurinominal election.

Senate:

PAN 50... PRI 33... PRD 25... PVEM 6... MC 5... PT 5... INDEPENDIENTE 4

For a start, **the Congress of Mexico** is called Low Chamber of the United Congress; **it has a total of 500 congressmen**, from which 300 are elected through relative majority in accordance to every electoral district and 200 are elected through the principle of proportional representation with 5 plurinominal nominations.

Congress:

PRI 207... PAN 115... PRD 99... PT 19... PVEM 34 ... MC 16... NA 10 These are the numbers for 2012-2015 http://www.aztecanoticias.com.mx/notas/mexico/174179/diputados-aprueban-presupuesto-2014

... Congress approves Federal Budget 2014... Mexico, DF. - After a long session... **The federal government has approved a budget of** 4 billon, 467 thousand, 225 million 800 thousand, pesos (**4,467,225,800,000**)..., amount superior in more than five thousand million pesos in 2013 [**it was increased by 500,000,000,000 with respect to 2013**]...

There's still more. If we add the annual salaries of congressmen and senators this equals to an approximate of 1,301,545,152 pesos. But these *1302* million pesos become almost *12,000* million pesos once you add personnel and expenses:

http://www.diputados.gob.mx/PEF2013/temas/tomos/01/r01_apurog.pdf

FEDERAL EXPENDITURE BUDGET FOR 2013 ...BRANCH: Legislative Power...Branch summary: TOTAL: 11,948,011,682

22/12/2013.- Por Dolia Estévez de Forbes,1 de 10

http://www.forbes.com.mx/sites/los-10-mexicanos-mas-corruptos-de-2013/

The 10 most corrupt Mexican 2013

Mexico is considered the most corrupt country in Latin America according to International Transparency. Read the list of the most corrupt Mexican 2013 characters. The alarming levels of corruption in the government and in the judiciary and law enforcement have placed Mexico as the most corrupt country in Latin America during 2013, a place it shares with Argentina, according to the Global Barometer of Corruption by International Transparency.

The international agency alerts that this indicator provides a warning of continued abuse of power, bribery and backroom deals in societies worldwide. Also, in the case of Mexico, political parties and their representatives and the police are perceived as the most corrupt. This is the list of Forbes in the U.S. of the 10 most corrupt Mexican 2013:

Alejandra Sota. The former spokesperson of ex-president Felipe Calderon, is investigated by Mexican authorities for alleged misappropriation of a monetary fund and abuse of power. [S]He is accused of favoring friends and former classmates with contracts to the government. She is studying a postgraduate at Harvard Kennedy School despite having no college degree.

Modelo pueblo

Arturo Montiel. Former Governor of the State of Mexico, [uncle of ex-governor of State of Mexico by the Institutional Revolutionary Party (PRI), Enrique Peña Nieto] and member of the Atlacomulco Group. He is accused by his former wife, Maudi Versini to have kidnapped [their] three children. He had to give up his presidential career ambition in 2005 when he was also the target of charges for possession of millionaire mansions and bank transactions in Mexico and France. [He] is not under investigation by the authorities. **Alejandra Sota.**

Fidel Herrera. As governor of Veracruz, complaints against him for alleged connections with the criminal group Zetas prospered. [These complaints aroused during a trial in April in Texas. An FBI agent testified that Francisco Colorado Cessa, a contractor of the Mexican estate oil company, PEMEX, acted out as intermediary between Herrera and the Zetas founder. Apparently Herrera was bribed so that Zetas could freely operate in the state. He has denied such accusations]. At this time, there isn't any formal investigation against him, and there are unconfirmed reports he could be sent as ambassador to Greece.

Humberto Moreira. As governor of Coahuila, the state's debt increased by more than a hundred-fold, from 200 to 35 000 million dollars, the worst crisis in the history of that state. [The scandal of this debt forced his resignation. Time after, Jorge Torres Lopez, who assumed as temporary governor was accused of conspiracy for money laundry among other financial felony]. Awaiting no charge weighed on Moreira. [And he's currently living in a luxury neighborhood in Barcelona, Spain].

205

Tomás Yarrington. Former governor of Tamaulipas was charged in early December last year on charges of racketeering and money laundering crimes in Texas. According to the charges he would have received bribes from the main group of drug trafficking in Tamaulipas, including the Gulf Cartel, [in exchange for letting them operate freely during his term of office (1999-2004). Yarrington's lawyers say these are false accusations from people trying to negotiate with American prosecutors. Up to date The USA hasn't requested his arrest and extradition; besides his whereabouts are unknown].

Andrés Granier. The former governor of Tabasco was arrested this 2013 on charges of corruption, embezzlement, tax evasion and money laundering. In a leaked conversation to the media, Granier boasted of owning 400 pairs of shoes, 300 suits and 1,000 shirts, bought at a luxury store in New York and Los Angeles.

Genaro Garcia Luna. As head of the Ministry of Public Security (SSP) under the federal administration of Felipe Calderon, his office was one of the agencies with the largest budget of this administration. [Garcia Luna was the most fearsome cabinet member of the country. Writer Anabel Hernandez reveled in her book "Los señores del Narco" alleged nexus with the organized crime, among them Joaquin "El Chapo" Guzman. Besides, in 2012 the drug dealer Edgar "La Barbie" Valdez Villareal said that Garcia Luna had been included in the payroll of drug dealers' groups for the last ten years. He's believed to be living in Miami, but journalists haven't been able to find him]. The former civil servant was criticized for the use of public resources for self-promotion and the abuse of power exhibited by the Mexican press. Since the end of the last administration has not been seen.

Modelo pueblo

	**Raul Salinas de Gortari.** [He is responsible for destroying his brother presidential legacy, becoming a symbol of corruption and impunity]. The brother of former Mexican President Carlos Salinas de Gortari spent 10 years in prison on a charge of high-profile murder, but was acquitted in 2005. Then in July, a Mexican judge also acquitted him of charges of illicit enrichment, and ordered to be returned the 19 million dollars deposited in 12 bank accounts and the 41 properties. He is currently free [a decision that outraged Mexicans and is perceived as one more abuse of power from the Mexican elite].
	**Carlos Romero Deschamps.** Workers Union leader of the Oilers (STPRM) was found wrapped in suspicion for insider trading and personal enrichment. [His daugther, Paulina Romero, showed on Facebook her trips around the world traveling with her three British bulldogs Keiko, Boli and Morgancita; she also showed her Yacht trips, her eating out at first class restaurants and her luxury handbags. Her brother has an Enzo Ferrari of two million dollars, a gift from his father whose monthly salary is around 1,864 dollars. According to the political analyst Denise Dresser, in 2011 he received 21.6 million dollars to help the syndicates executive committee and 15.3 million dollars for syndicate quotas].
	**Elba Esther Gordillo:** The former leader of the National Union of Education Workers (SNTE) was charged in February this year of embezzling 200 million dollars. Currently, the teacher is in jail and a continuous process opened. [She is well known for wearing exclusive Hermes handbags and her expensive cosmetic surgeries in California clinics. Until now there are three mansions in the USA allegedly hers and the main one is a house with private dock and a boat located in California and valued in 4.7 million dollars]

With information from agencies.

I beg you to pay attention here. For *more than forty years* our ruling people have been robbing and robbing. Take for example the 200 million dollars Elba Esther Gordillo robbed. By how much do you think the great total amount stolen from our country's richness must add up after all these years? See this. If this woman stole 200 million dollars and we are over one hundred million Mexicans, it means that *every single Mexican* would have received around 2 million dollars: 26 million pesos¡!!! What would you have done with all this money? (¡!)... Ok, ok... being realistic you wouldn't have touched this money but add this 26 million pesos to other 2 million there, plus other 15 million over there, and so on and that number of total million pesos you have in mind, could have been used in highways, sidewalks, roads, lighting, medical services, education, transport, sewerage, etcetera.

This is why we have to fight for our rights and put order in *our* government!

---

http://www.nosotrosdiario.mx/inegi-reporta-mas-de-39-mil-maestros-aviadores-en-mexico-41936

Inegi reports there are more than 39 000 fake teachers in Mexico.

Por:Nosotros

martes 01, de abril de 2014 - 08:19 AM

The census concluded that 13% of teaching positions at work centers have no sustenance.

The Mexican educational system currently has 30,695 teachers that are on special commission or under temporary leave of absence, concluded the first ever performed census [highlighted by the writer of this book] by the National Institute of Statistics and Geography (Inegi).

During the presentation of results, the incumbent director, Eduardo Sojo, pointed out that for the first time ever it's been made public that there are a total of 978,188 teachers of public and private schools in basic education.

> The document also reports that there are **113,259** people, apart from the fake and on-commission teachers, located at "a different work place", and there are other 114,998 already on retirement benefits, retired or dead.
>
> **However, what got their attention was the 39,222 people whom no one knows what they do or where they are.**
>
> In all, as Sojo explained, 13% of teaching positions have no sustenance or should not exist in the database.
>
> In that respect, the top director of the Educational System (SEP), Emilio Chuayffet, said that all teachers and workers not registered by the census will be let out of the educational payroll.
>
> The census included 90% of schools and work centers and obtained 99.6% of answers.

I'm still finishing this book and now Peña Nieto has "gained" approval of his energy reform! Peña Nieto promises there will be more employment... Wasn't exactly this what Calderon promised?... and what about the promises Fox made, but never accomplished?... and far behind, wasn't it Salinas de Gortari who promised we would become a First World Country after he signed the NAFTA with The USA and Canada but instead, he gave us a huge devaluation and the bankruptcy of our economy that now is at least 24 years old?

> http://www.milenio.com/politica/Ganan-Pena-Nieto-maestros-Imco_0_299370076.html
> 08/045/2014
>
> There are 70 teachers earning more than Peña Nieto, assures Imco
>
> Besides, it was found that more than 7000 earn more than 100,000 [pesos] and exist almost 2,000 "phantom schools", which receive more than 343,000,000 pesos.

México

The Mexican Institute for Competition (Imco) revealed there are 70 teachers earning more than 193,000 pesos [monthly], a higher salary than what president Enrique Peña Nieto earns.

They identified a teacher in Oaxaca, "A. Ramírez Z.", registered with a salary superior to 600,000 pesos, which makes him the professor with the highest salary in the country.

"Only 25 of them work directly in schools; only 4 of them work in a school categorized as "excellent" and other 2 of them in another categorized as "good". The rest work at schools categorized below the standard or right there", explained Alexandra Zapata, coordinator of Imco's Improve your School project.

In the study by the basic education teaching department of Mexico, a specific case in Hidalgo called their attention, where there is a group named Los Lupitos, which has registered 440 teachers who were born the 12th of December of 1912. They receive 31,000,000 pesos every trimester.

"These could be fake teachers; we don't want to call them like that. They probably don't exist. We think there's someone from the government or the syndicate keeping that money for themselves, unless they (Los Lupitos) have found the fountain of youth", he expressed...

... They also detected 91,129 teachers that fall among the 10% richest people of Mexico with an income of 44,000 pesos; and more than 7000 professors are in the range of age between 26 and 91 years earning more than 100,000 pesos...

..."Evidently, to be a syndicated teacher is the best position to be in this country. It's more profitable than any other profession like engineering; this is the professional's lottery in Mexico", he added.

In respect to educational sites, the Imco registered the existence of 1906 "phantom schools" that receive resources but do not exist within the census. They receive more than 343,000,000 pesos monthly.

In reference to infrastructure they found out that there are 536 *telesecundarias* which operate without electricity "which translates into 1436 professors working in that condition"

> In the same token they found out 93 schools with no electricity at all but which are subscribed into the program "Digital skills for everyone" that among their goals is to equip classrooms with information technologies and communications…

I clearly remember when Echeverria started to increase the foreign debt. He swore he was creating industry when what he did was to increase bureaucracy by setting up Estate industry which result we know now. Afterwards, we had Lopez Portillo. He said he would defend the peso like a dog when among other things he nationalized the banks and devalued our currency and even worse, he had to increase by even more the foreign debt.

Our country is broken resulting from so much robbery, fraud, personal businesses and overspending of our government and also, we have to add the outcome of globalization, the fact that we keep exporting greatly raw materials or granting mine concessions to foreign companies, while on the opposite side, our imports are basically of finished products, and also we are suffering for the lack of local industry, the decay in education, the existence of narco traffic and, to make things worse, the growth of an underground economy that includes unemployed people and niches of power and corruption…

http://www.milenio.com/region/Regalo-millonario-cumpleanos_0_276572984.html

08/04/2014

A millionaire birthday present

Through 'volunteered cooperative money' there could be gathered about 850,000 to 1 500,000 pesos; the present in several occasions was a luxury car.

Elvia García/Iván Tirzo/Jaime Zambrano/Luis David García08/04/2014 01:10 AM

Puebla

Israel Pacheco forces every year… to the 2,500 union workers to contribute with 350-600 pesos each for their party…

… A Bonus of around 15 million (pesos)… for cultural activities. This is received by Israel Pacheco from the municipality of Puebla city… It was authorized since 2004…

…Israel Pacheco Velázquez, who, within a 13 year-period, from being a common employee, became a lifelong leader, owner of apartments, houses and vehicles…

Even worse is the social division that is happening among us, the citizens. See what is happening in Chiapas. I'm afraid this might be the beginning of a Belize or a Puerto Rico:

http://t.noticias.prodigy.msn.com/internacional/m%c3%a9xico-qu%c3%a9-fue-del-subcomandante-marcos-11.

"...Standing back Zapatista:

Time after it had occurred a withdrawal and silent period from the Zapatistas as well as from Marcos. In 2003, they had a comeback to the public arena with their Caracoles and good government Proposal: 'Zapatistas Municipalities Autonomous' (they are 29) which since then have disengaged from the Mexican Estate (called by them 'the bad government') and have been busy building a self-sufficient structure through every level: economic, health, justice and education. This is how they are till today..." (dic.30, 2013)

What do we need?

- Apply "the Efecto Muegano": cohesiveness

11. United States of America

Speak about the USA is quite complex. Do you remember when I mentioned how difficult it is the relationship among family members? Well, this is just the same because they are like "next door" neighbors. There are two types of Mexicans when the subject USA comes around. Some of us hate-envy Americans and other of us love-admire them. What side are you in? I say when we as society get to find a mid-point that is, empathy, there will be a balance between us since we have benefit (like many people around the globe) over their many technological advances, art, science and other, from their country as well as from other countries. Perhaps to understand better our feelings we have to dig into our past. Do you remember the MAXIM REMEMBER?

http://origen-cultural.blogspot.mx/2009/06/pueblos-prehispanicos.html

Pre-Hispanic Societies and their characteristics

- Their economy was based on multi-cultivation of corn, beans and cabbage...

- Farming was on *chinampas*, floating parcels of soil, kept onto lake waters obtaining a good production.

- Construction of ceremonial sites, simplest like Cuicuilco, to greatest like Chichén Itzá, Tajín, Teotihuacán, etc...

- There used to be specialists in religion and ceremonies, called holy men who were in charge of the cities' plan design with the ceremonial sites, they were the only ones to use the ritual calendar, preserve the codices, advise the governors or govern themselves, and were in charge of education, too.

- Social classes were: nobility (holy men and Warriors), merchants, artisans, peasants and slaves.

- Markets and Merchants: cacao beans, corncobs, cotton covers, gold powder, quetzal feathers and copper objects, jade and other were used as money, either at seasonal or permanent markets.

- The ball game, called Tlachtli, was a religious ceremony, so important that the field was located in a special place within the ceremonial site; the game was exclusively for nobility.

- Religion was without any doubt fundamental in the daily life of prehispanic people; their Gods were related to nature (earth, corn, air, rain, lightning, fire, etc.), also to the economy (commerce, war, agriculture) and to stars (sun, moon, Venus, etc.), meaning a polytheist religion.

- Human sacrifices were common as to please the Gods and keep them content since people believed Gods needed human hearts to exist.

- They had an ideographic writing, which consists in ideas represented in drawings painted by the "escribas" with mineral and vegetable colors over the amate's bark, deer skin or over a mixture made of mashed maguey cactus and braided; the books were dictated by the holy men.

- Double calendar, one civic of 365 days, more precise than the European, and the religious of 260 days, controlled by the holy men and associated to agriculture cycles, their Gods and their festivities.

Our territory has have inhabitants back to more than three thousand years. We know something about the Olmecas and from other like the Mayas, the Aztecs, and other. They all were basically people with a unique lifestyle with very strict governors and very obedient citizens (does it sound familiar?). This was life about when the Spaniards took in conquering us eventually in 1521. By contrast in about year 1500 we have Americans who were originally people from Europe (a far more advanced society) that arrived to North America running away from poverty and hopelessness or wishing a better life. When they landed in America it was populated by Indians. Eventually the immigrants wiped out the Indians of the territory almost entirely because to their eyes Indians were bad people, almost savage beasts. In those days the new Americans started to "import" black Africans as slaves. In my opinion one the most despicable things Anglo-Saxons have done. The growth and development of this country is greatly thanks to the exploitation of human beings.

Eventually, black people were granted their liberty and little by little they have learnt to fight for their rights. I hugely admire the bonding of black Americans (Afro-Americans). I can't stop getting surprised by their enormous skills as a race: their great body elasticity, their running capacity, their beautiful voices, that graceful manner of moving their bodies, that special way of making and playing music, their relaxed and smiling behavior and more, and it's so nice to see how more and more often we see black Americans succeeding in science and other (best example: President Obama). In my opinion it's thanks to two things: opportunity really exists and that they are healthy and well nurtured and more as the rest of Americans (do you think you could relate this to our society my dear native Indio countryman?).

Coming back to the Mexican side, we have that when the Spaniards landed in our territory they initially thought our natives were salvage human beings without any knowledge and any social structure and any manners, but what they found was a civilization where among other, poverty and hunger did not exist. This is why they didn't wiped out our ancestors or made them slaves as they did to other people like those in the Philippines but instead, Spaniards subjugated our people by imposing their religion and lifestyle. It was so, that in Mexico we were indeed their servants in the beginning and very little by little, one now and later another well skilled native were able to get into that newborn society. As the years went by mothers gave birth to mestizos –Spanish-Indian children. They eventually would fit better within that society. Many things happened as the years went by that led to the Independence War (1810-1821) for us to gain our Independency.

https://www.google.com.mx/search?q=mapa+de+mexico+de+1821&tbm=isch&tbo=u&source=univ&sa=X&ei=RtTzUrb9J YGGyAH6zYGoBA&ved=0CCoQsAQ&biw=1951&bih=929# facrc=_&imgdii=_&imgrc=uUyOMY08vyAEYM%253A%3 BbnuXhjal2mEUOM%3Bhttp%253A%252F%252Fexplora mex.com%252FImperi3.gif%3Bhttp%253A%252F%252F exploramex.com%252FImperioIturbide.htm%3B575%3B403

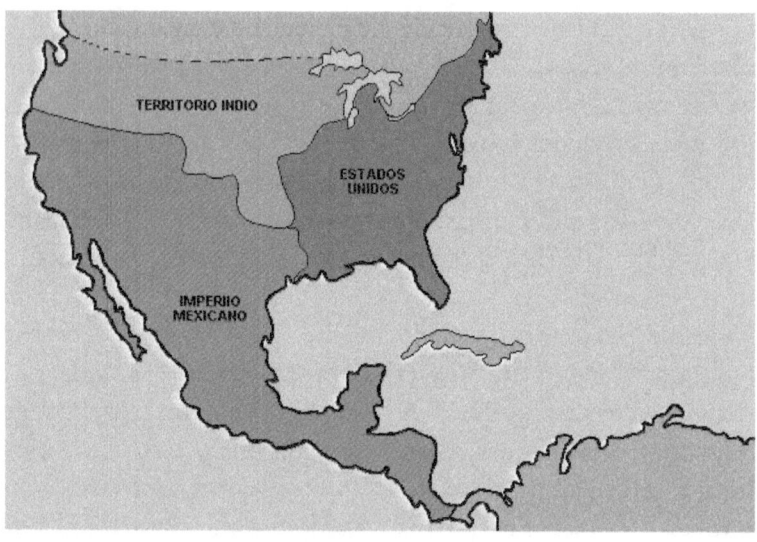

Map that shows the extension of the Mexican territory at the end of the Independency War (1821). From High California and actual states of Utah and Colorado down to Costa Rica in the south - 5 million Km2 and almost 6,000 km long. Mexico would initiate its independency, but some years later, Central America got separated from Mexico (except Chiapas) and the USA would deprive us from the northern part. We were only left with 2 million km2.

Tragedy came to our people when one day the Americans paid notice to the huge size of our country which was unpopulated to a great extent. Then the Americans, cleverly set on an excuse to invade us, provoked a "war" knowing they would win and oh! They took over half of our territory (1848). Of course, they were very fortunate since we had as president the worst "statesman" our country has ever had: Antonio Lopez de Santa Anna.

Strictly speaking this is the real truth many Americans accept. Even on TV, once I watched on Discovery channel a documentary where an American historian recognizes the event, but this is something Americans in mass won't ever accept simply because it's an inconvenience. Can you imagine them giving back our territory? They better forget about it, right? As many of us in this country, right? But tell me about the "Shopping" in the USA. Ok?

In those years and the years that followed, the USA didn't even glance toward us being submerged putting up a prosperous country, with new technologies and a whole train network and highways to reach most places within "their" country.

Unfortunately, extreme inequality grew in Mexico to a point where, on one side we had the rich wanted a European lifestyle like despising the local and autochthone, and on the other side we had a lot of poverty and hunger. This was the momentum when the Mexican Revolution broke out. It was an authentic great deed but with a very high cost of lives (more than one million people from a total of 15.2 million) and lasted more than 20 years (1910-1934) The election of Gen. Lazaro Cardenas in 1934 changed the politics of the nation. Cardenas expelled Calles and developed a vigorous six-year plan to modernize the country. He redistributed more land than did all of his predecessors combined, built rural schools, nationalized the petroleum industry and strengthened the unions.

Another truth is that precisely at about those days it was when the Americans realized the benefits of being invaders and the power they have for being in possession of the most advanced technology in weaponry. This is how Americans eventually became a sort of War Economy acting as if they were the World's Armory. Thus, nowadays Americans invade any country with the excuse of helping a country against its enemies in behalf of Liberty and Democracy!...they have done very bad things like throwing down the Atom Bombs in Japan killing many innocent people; that huge error called Vietnam War with disastrous consequences; raising a turmoil in Central America when backing up the guerrillas resulting also in death and devastation; that bugging against Cuba because they haven't been able to overthrow Castro and his communism, etcetera...

Look at what they just did in Iraq. The ONU never found any nuclear weapon in Iraq, thus they declared it to the world but nevertheless the USA invaded Iraq because Iraq had nuclear weapons (!!!). They are now "paying attention" to Iran only because these countries are rich in oil which the USA has little (Though, their proof reserves of "shell" are huge, as I understand). But their interest goes beyond that because whenever they "are at war" against any country, and they win (what else if they own the most sophisticated weapons on Earth!) they get the right to administer this country ($$$$$). Consequently, Americans don't only gain the cost of war they force the loser country to pay (cost to intervene, cost of weapons, cost of vessels sank, cost of combat aircrafts, etc.), but they gain also the Re-building Works Contracts within the loser country... and the worst part of this is that no one can't stop it!!! France tried it when the Irak conflict, but then came in the American retaliation with a high cost to the French...

This is why I say is good to have the European Union emerging. To my understanding, having two equally great power countries, one of them won't exceed it "and have the rest of the world swallow it". I can go on giving more examples of the American abuse of power and all the harm they've caused to the world… but… yes, I want to add something and it's about the financial markets and precisely the stock market, where I can't but see suspiciously this 'intervention' that has been happening lately at Goldman Sachs and other trade houses. I have many times questioned myself on how the USA can be in crisis when they're the richest country in the world…

Certainly, Americans have given great things to the world and are tremendously clever, and they have known how to handle their economy. They produce everything they can with the resources they have and don't have. They get the top brains, if they don't have them, they nationalize them (Albert Einstein, for example), or help people to make their American dream come true (as in the case of Steve Jobs, Bill Gates and Zuckerberg, among other). They do it all knowing that failing to do so, they are vulnerable to lose their world leadership. They have known to develop technologies like in telecommunications, industrial machinery, pharmaceutical and, robotics, and Hollywood! And what can we say of Coca Cola? I love this brand (though I rarely drink it), but I love everything it means: imagine, they sell millions of millions, it's the highest sold soda in the world, the most beautifully advertised and it reaches the very faraway places, and they do all these things while selling a product that NO ONE NEEDS AND IS UNHEALTHY (what you're drinking is carbonated water, artificial flavor and lots lots of sugar). Nevertheless, all these American industries **create wealth** and give Americans a world competitive advantage…

We Mexicans live today struggling to convince Americans to give jobs to our "braceros" (illegal immigrants) and for the existence of an Immigration Law. Whenever you go to Acapulco you see in the markets the same art crafts of 20 years ago (and the same poverty, by the way). Meanwhile, Americans are developing spaceships to allow them bring materials from Mart as well as other spaceships to take tourists to see the stratosphere; satellites to allow them to explore the planet and to offer cheaper telecommunications; drugs to heal cancer and aids, other to keep us healthier and younger; how to clone a human being, and so on and on. This is to cry out, right??...

Well, I tell you. It's true that Americans lead us far away in advance. But at least we don't have the huge problems they have: drug addiction in their country is rising; common people live in fear of losing what they have either by a burglar or foreigners (so they carry guns); excessive freedom of many people due to limited moral values and detachment from family; worship to consumption and money, etc. To Americans, "development" means weaponry-power-technology-knowledge and the Basic... I thing "development" for us, means merely technology-knowledge and the Basic (more precisely: the Basic, knowledge and technology). All we lack is the will to be a better country without the extremes the Americans have reached, and that is all, to want to move ahead, do you want to?

The American economy is based mainly in great specialization items' production, since these give the highest gains simply because only few producers around the globe have the knowhow, and also because there are huge capital-investments (lots of money) needed to produce them, which they have. Another area Americans have developed is the financial sector, where their banks have been engaged, since many years ago, in placing loans to third world countries, which bring in huge economic gains to them. Besides, they own Wall Street where money produces enormous amounts of money... Lately, with the excuse of Globalization, Americans have had *carte blanch* into other countries like ours and now we are being replaced in our own country. Today they are the owners of supermarkets, banks, insurance companies, and now they're swallowing the real estate and construction markets which only a few years ago used to be Mexican businesses owned by Mexican people.

Hollywood is a mega industry that makes millions and millions and millions of dollars around the Planet... A quick test: give me the name of the last three American pictures you watched... Well, now give me the name of the last three Mexican pictures. Please don't mention *"Nosotros los nobles"* because this film is a pound bean. Talent in Mexico overflows, by the way; theater Plays, Soap-opera (some of them) and "El chavo del ocho" stand out...

Very clever, the Americans knitted into their minds the "average American" and this is the concept they have sold to the world (being the masters of marketing). Today you could swear this is an American prototype: tall, blonde, blue eyes, handsome, intelligent and nice. They've done the same with their houses, their cities, their goods. The irony is, that it may have not be real a few years ago, but now they are reaching it, since there's so much money pouring into their bags -either thanks to Hollywood or aeronautics or any other-, that by collecting more taxes they all gain better and more: better houses, better streets, better cities, etc. Do you get it???

One doesn't need to be a magician to infer the formula of Hollywood: female beauty, masculine beauty, sculptural bodies, beautiful houses and places, close attention to details, excellent photography and actors and directors and scripts, lots and lots of talent, gross amounts of money invested, huge amounts paid in advertising and distribution (same as The Coca Cola does), to mention some. However, we don't see much of these in our territory... You know, here in our country every time I see houses' facades painted with graffiti I don't see the authors as criminals (well, yes I do: I firstly send them to hell) but rather I see them more like frustrated artists by lack of opportunities... Notice what we are doing with our marvelous Mexican ingenious!!! Where are, for example, the Mexican cartoons drown in virtual reality by Mexicans? Don't you dare to tell me we can't do it! Don't say we cannot create beautiful characters like Popeye, Cinderella or Pinocchio or Mogli or any other!

Look at all the American and other countries' items we consume, that we could produce ourselves, even if it were only for the pleasure of doing it, that is, the benefit we'd get by employing our people. I can mention several areas in services like hotels, phone industry, courier service, financial services. I mean also other like Shopping Centers, small supermarkets (Oxo & alike), Cafés (Starbucks), etc. We could have other like entertainment parks similar to Six Flags, or Cinemex, etc. Other type of business like clothes design, shoes and accessories design… Don't tell me we couldn't produce them ourselves? We only need… we only need the willpower. Have the willpower to be willing to produce and consume what we produce. Grab this: **within any given society, we people are malinchistas (tendency to favor things foreign):** American, Russian, French; mention any. The only reason any society's people are willing to consume their own products is if it's in their best interest:

> **Only if the product you're fellow countryman produces is made of quality and price equal or better than the German or Chinese or whatever, is that you are willing to buy this product. Thus, *in equal terms* you are ready to give your money in exchange of products made in your country because it adds a sense of pride and belonging that is priceless.**

Some years ago, I read in the news that Americans are sending us their nuclear waste (Fox Administration). These are toxic materials from their nuclear plants and other places. The contract holder companies that receive this waste, which comes sealed into large barrels, bury them to a given depth. This nuclear waste cannot be destroyed, and being nuclear means the possibility that eventually it could pollute our soil, our water and our environment causing incurable disease. They're still also sending their "coches chocolate" (old cars). I heard on the radio (2007) they could send monthly over a million!!!... I just don't get it... Furthermore, this is year 2013 and we continue exporting raw materials (oil, precious stones and other from mines, vegetables and fruits, etc.) while importing end-products (cars, plastics, computers, equipment & machinery, etc.). It's just devastating.

For you to be aware of the importance of a country producing items, I'll tell you about Breton Woods. Until the seventies, the world economy used to be ruled by the Gold Standard Adherence System. Depending on how much gold a country held in their central bank vaults, the value of their currency would be.

The system had its pros and cons. In simple reasoning, a country producing items (tomatoes, radios, coats, planes, etc.) could invest its savings in gold. They would buy gold to become richer and have a stronger currency. The system's flaw was precisely that they have to keep all that gold when it could be used somewhere else. Another flaw of the system referred to any rich in gold reserves country because by default, this was a rich country with a strong currency.

This is why one morning the USA established that from that moment their dollar valued a dollar without a gold reserves consideration since their dollar was as good as their production. That is, the American dollar Adherence to the gold wouldn't remain anymore but it would be supported by their production. This decision was unilateral (strange?), and many countries were disappointed, but since the USA was already the super powerful economy we now know, they couldn't do anything. I'm telling you this for two reasons: notice the arrogant-unilateral position of the USA and, mind the importance to any country **TO PRODUCE!**

Only some decades ago Mexico was producing a good variety of items. Then, free trade agreements emerged and today the situation has changed even more because for years all sorts of fayuca (illegal articles) have been available with the "ambulantes" (street vendors). In South Korea (very hard working people), in the 80's you could only buy few articles with street vendors (and they were expensive) because the police was really in charge. Today you see Koreans selling worldwide, among other, LG products, cars and ships.

In contrast, in this capital city every day "ambulantes" are taking more and more not only pieces of the sidewalk but complete streets. It's common word that "leaders" sell the "right to sidewalk". We never know where all the money they collect goes, but we know these people have become millionaire to a point mafias have been created around, because ambulantes have to pay back the favor by backing up the political ruling party at demonstrations and any similar they get required to or, they'll lose the "right to sidewalk". The same has been happening with taxi drivers called "tolerados" (not officially registered), then you see also others like the "Grupo Francisco Villa", "los macheteros de Atenco", and other troublemakers like the "porros" at Universities.

The "ambulantes" have increased not only in number but in size and type of articles. I had a student whose family had to close their fabric. After 3 generations producing, paying salaries, paying taxes, they had to close down because of bankruptcy. It was cheaper to buy Chinese fabrics and import them to Mexico than producing them here. Sounds familiar? ... We're becoming a country of buyers without domestic producers. Are you aware where this situation can take us?

Something a good government would do is help with subsidies to those Mexican producers in jeopardy so as to keep the knowledge and skills current; otherwise it will become very expensive to reestablish them, apart from having all that hopeless labor sacrificed.

When the Arab countries started to import oil to other countries they had an access to money like never before. They decided to invest it, among other, in dollars as saving money in American banks mainly. American banks in turn, happily accepted such investments from the Arabs. Since bankers had to place the money in loans to be able to pay the interests, guess what? They started to place loans in Latin-American countries and in other countries they could do business with and where the lenders could warrant the payments. During those days Mexico had just discovered to have huge oil proof reserves. Consequently, American banks and the Interamerican Development Bank flood Mexico with loans without caring where the money lent was going to be invested in, perhaps even knowing we have corrupt people in the government. But this was not their responsibility! This resulted in an escalating foreign debt which to my understanding cannot be paid earlier but had to fulfil the terms of the loan. This is very wrong because it means we're obliged to pay and pay and pay out interests over the loan regardless if we could have the money to pay before due date.

http://eprints.ucm.es/6970/1/Deuda_externa.pdf

http://translate.google.com.mx/translate?hl=en&sl=es&u=http://eprints.ucm.es/6970/1/Deuda_externa.pdf&prev=/search%3Fq%3Ddeuda%2Bexterna%2Bmexico%2Boscar%2Bdiego%2Bbautista%26biw%3D1951%26bih%3D929 **DICIEMBRE DE 2003**

[Summary compiled on a table:]

Flor del Campo

YEAR	COMMENTS	ACCUMULATED FOREIGN DEBT
	First period: recognition of the debt	
1821	Juan O'Donojú, Political Head of New Spain signed the "Tratado de Córdoba" where Spain recognized Mexico's Independence but Mexico recognized the Debt	300 000 pesos
1823	Loan through Goldschmidt and Co. of London	8 000 000 pesos
1824	Loan through Barclay Herring Richardson and Co.	16 000 000 pesos
1827	Guadalupe Victoria, first president of Mexico. The suspension of interest payments occurred for the 1st time lasting 4 more years.	(no data included)
1831	Some payments are done, but came to a halt until 1851.	(no data included)
1831	Anastasio Bustamante	34 000 000 pesos
1837	Anastasio Bustamante	46 000 000 pesos
1846	Valentín Gómez Farias	51 200 000 pesos
1857	Because of the moratorium three years earlier, France, Spain and England send warships to put pressure over the Mexican government to pay the debt which by that moment was as follows: England 9.994.542 pesos, France 2.860.762 pesos and Spain 9.460.986 pesos.	(no data included)
1864	France intervenes in the country, taking over the city and placing Maximiliano as emperor of Mexico, who from the beginning carry out taking loans. This situation increased the debt from 65 million in 1863 to three times higher in only year.	(no data included)
1865	At the same moment that Maximiliano was signing loans with France, president Benito Juarez was also signing a loan with the United States for 2.6 million dollars.	(no data included)
	Second period: the railroad debt	

Modelo pueblo

1880	During Porfirio Díaz administration; new loans came for 18.5 million dollars	(no data included)
1890	Diaz in the Presidency	126 900 000 pesos
1898	Porfirio Díaz	350 000 000 pesos
1905	Porfirio Díaz	316 300 000 pesos
1910	Porfirio Díaz	578 000 000 pesos
	Third period: foreign debt after the revolution	
1913-1942	In 1911, General Victoriano Huerta takes power. Two years later announces payments moratoria over the debt which lasted until 1942. Between 1914 and 1946 the presidents in power reduced the Debt without any need for amortizations or interests payments.	(no data included)
1952	From Miguel Aleman presidency the tendency of foreign dependency continued.	346 000 000 **dollars**
1958	Adolfo Ruiz Cortínez	602 200 000 dollars
1964	Adolfo Lopez Mateos, foreign debt threefold.	1724 000 000 dollars
1970	Gustavo Diaz Ordaz, raised the amount from 4.000 million dollars which added to the 2.000 million of private debt gaving a total of 6.000 million dollars.	6000 000 000 dollars
1976	During Luis Echeverría Álvarez presidency, foreign debt grew in excess to 20.000 million de dollars, which added to the 10.000 million of private debt, gave a total of 30.000 million dollars.	30000 000 000 dollars
	Fourth period: oil debt	
1982	From 30.000 million the Debt raised to 83.000 million dollars. Needless to say governors ignored a history memory, because López Portillo's oil strategy was rapidly forgotten even though it proved to be bad for the commerce policy.	83000 000 000 dollars
1988	His successor, Miguel de la Madrid Hurtado launched a program also based on oil, depending on Petróleos Mexicanos (PEMEX) borrowing more loans abroad.	100000 000 000 dollars

	Fifth period: bank debt	
1994	Carlos Salinas de Gortari (1988-1994) privatized the banks all of them new and healthy, without debt. At the end of this administration the debt's total amount was 140.000 million dollars and the interests paid only during his period were of 50.000 million dollars.	140000 000 000 dollars
2000	One of the biggest scandals in the financial history of Mexico happened during Ernesto Zedillo's administration. As a measure to back up the banking sector it was created the "Fondo Bancario de Protección al Ahorro" (FOBAPROA). However, they ended up overusing the fund up to 67.000 million dollars. This situation forced the president to propose to the Legislative Power to convert this amount into public debt, arguing that the economy would collapse otherwise. The banking sector was once again rescued.	(no data included)

Concluding remarks:

1. Nineteenth and twentieth centuries in the history of Mexico are accompanied by external borrowing. At this time the amount of debt raises increasingly without any perceived solution on the horizon, so a new millennium starts accompanied by this financial burden.
2. External debt has had different effects for this country. Internally it has been a source of political instability, economic crisis, cuts in the budget, internal struggle, lack of basic needs, but most of all it has spoiled the emanating social principles of the Mexican Revolution. Externally, it has generated diplomatic conflicts and greater intervention in politics

and in the economy from international financial agencies which in turn has caused greater external dependence.

3. Al long as the problems of the foreign debt exist, the Mexican Estate will not have healthy and balanced public finances, so it cannot achieve the goals of the administration. Paradoxically, citizen demands increase while public resources dwindle.

4. Main creditors of Mexico are: a) The International financial institutions: World Bank, International Monetary Fund, Development Inter American Bank; b) Foreign Governments c) Private Banks from different countries.

5. Ancient peoples used to say that Wealth and Freedom are the two conditions for any Estate to be considered as such. In the absence of resources and the need for dependency on another, freedom is lost. The external debt implies constant braking outflow for the debtor country and prevents its development, while for the creditor is a powerful instrument of domination and control.

6. History of Mexico shows that Mexicans have not learned to live as an independent country, which is to say that Mexico has never been able to live without debt.

http://biblioteca.iiec.unam.mx/index.php?option=com_content&task=view&id=15687&Itemid=146

Mexico accumulates foreign debt very rapidly:

Coutiño (El Financiero 20/01/12)

Eduardo Jardón

… According to their numbers, the total debt amount almost doubled during the present administration, incre-

asing from 107 thousand million dollars at the end 2006, to almost 200 thousand million in 2011.
... According to the IRS Mexican Office from the end of 2008 to September of 2011 the foreign debt increased 99 %. [Felipe Calderón administration- PAN]...

http://www.forbes.com.mx/sites/crecimiento-desmedido-de-la-deuda-publica/ *marzo 25, 2013*

http://translate.google.com.mx/translate?hl=en&sl=es&u=http://www.forbes.com.mx/sites/crecimiento-desmedido-de-la-deuda-publica/&prev=/search%3Fq%3Dhttp://www.forbes.com.mx/sites/crecimiento-desmedido-de-la-deuda-publica/%26biw%3D1951%26bih%3D929

Excessive growth of public debt

The rate at which debt has increased in our country is very worrying and, therefore, he should put a brake. You have to look in the mirror of Europe.

Although Mexico does not have the fiscal problems of developed nations, it is true that nowadays our country has the highest public debt in its history, which may not be a problem in the present with low interest rates, but it can be once they increase within one or two years. According to figures published by the Bank of Economic Information (BIE) INEGI, the **December 2012** figures showed that the total public sector net debt amounted to 5,222 billion pesos (bpd)[5222000 000 000] of which 3,634 bpd, were for domestic debt and 1,588 bpd, were for foreign debt. Note that these amounts are considerably higher than those observed in December 2006, the month in which the total net public sector debt was 1,697 bpd, of which 1,172 bpd, were domestic debt and just 0,525 bdp were for foreign debt.

So, within six years of the Felipe Calderón administration the total debt increased in 207.7%, domestic debt at 210.1% and external debt at 202.2%. Of course, these percentage increases are enormous; especially considering that inflation in the period was only of 28.5%.

Of course many are not concerned about the gigantic increase of public debt in Mexico because it was in the context of a decline in interest rates both domestic and external, so payments for debt service have not been shot up; but the problem remains latent and aggravation once interest rates rise.

To put things in context take into account the following: a good reference of the cost paid by the federal government for its debt placements is given by the Treasury Certificates, known colloquially as Cetes. Thus, in December 2006, the interest rate Cetes within 28 days was 7.04% annualized, while the CETES rate at 91 days was 7.16%. Meanwhile, in December 2012 the interest rate of CETES at 28 days was 4.05% and the 91-day Cetes was 4.21%.

This allows us to infer simplistically that in the period of 2006 to 2012, the rate of interest paid by the federal government for its domestic debt decreased by 42.5%; this is why the increase in domestic debt of 210.1% has been unnoticed financially within the federal government budget, which is merely because of the rate savings.

And the issue of external debt has also been a benefit because interest rates in developed countries have fallen substantially in the period in question, allowing for credit to the banking system in those countries with lower rates and similarly has allowed national debt placements in other currencies also at lower rates.

In this regard, as I mentioned, the risk to the federal finance is that interest rates rise by one or two percentage points in Mexico and the rest of the world, since that would force the government to refinance their short term debts at a higher cost. This means that with a debt of 5,222 billion pesos, an increase of one percentage point in the interest rate will be reflected in a higher financial cost of 52.2 billion pesos a year.

Finally, it is important to emphasize that although Mexico does not have the debt problems the United States and countries of the European Union have, the hectic pace in the increase of the Mexican debt is very worrying and therefore a brake should be put. In this sense, it is worth to applaud the Fiscal Package for 2013 that the Federal Executive sent and which was approved by Congress because it does not provide a fiscal deficit and so, the national debt would not have to keep growing.

Let us expect that a balance in public finances is a priority for the new federal government and if there were to be debt hiring, it will be used in major infrastructure projects that improve the competitiveness of the country, and not to be used to offset the excessive increase observed in current expenditure in the past six years.

http://datos.bancomundial.org/indicador/DT.DOD.DECT.CD

© 2014 The World Bank Group, All Rights Reserved.

Foreign debt accumulated, total (DOD, US$ at current prices)

Foreign debt is the amount owed to nonresidents, paid in foreign currency, goods or services. Total foreign debt is the sum of long term foreign public debt, with public warranty, and private debt with no warranty, any amount from the FMI's line of credit and short term debt. Short term debt includes any loans with due date of one year or less and any arrears of interest payments of long term debt. Data in US$ at current prices.

'Banco Mundial, Flujos Mundiales de Financiamiento para el Desarrollo'.

Sources: world development data.

MEXICO:

2009	2010	2011	2012
199.806.819.000	243.635.379.000	286.382.367.000	354.896.871.000

http://www.jornada.unam.mx/2014/05/09/politica/003n1pol

http://translate.google.com.mx/translate?hl=en&sl=es&tl=en&u=http%3A%2F%2Fwww.jornada.unam.mx%2F2014%2F05%2F09%2Fpolitica%2F003n1pol

La Jornada Newspaper

Friday, May 9, 2014, p. 3

During 2013 public debt increased in 2372 000,000,000 pesos.

In December 2013, public debt reached over 8 billion pesos. The amount to pay at due date equals almost 50% of the GDP, reports a document sent to San Lázaro.

Enrique Méndez y Roberto Garduño

...gross debt of the public sector has increased during 2013 in 2,372,000,000,000 pesos. This amount added to the existing debt (6 billion 260 thousand million), reached a total of 8 billion 633 thousand million pesos.

What do we need?

- Togetherness: Let's germinate our Patria!

12. Rest of the world

Now is the turn to speak up about other countries like say, Spain. We Mexicans have a love-hate relation with Spaniards though is becoming empathy thanks to the ocean that set us apart. For some reason, which I know, many Mexicans don't only embrace proudly their Spanish legacy but they brag about it. Personally, I like Spanish people. I'm very grateful for having their language because it is abound and brill. I am also grateful for having inherited a religion and a Spanish lifestyle as we have it today. I like being a *mestiza* by my ancestors. But I don't see in Spain the mother country. I might see it as the stepmother (or surrogate mother, perhaps). I don't think I owe something to Spaniards for their inheritance because they collected and quite expensive. But, I insist, I'm grateful.

Though I greatly admire the German society I can't let out mentioning what they did during World War II to the Jewish people. Many innocent people were killed in a horrendous manner. This in my opinion is perhaps one of the most despicable events in human history.

Some of the people I most greatly admire are the French. They have so many good things! When I think about their past, I think in the French Revolution and their grand leaders, and in the French common people standing firm to progress for a better life and then, have these same people taking on the assignment of inheriting very well these values to their own. Napoleon called "The Great" even though he was a short man; he was 1.65 m but had a say –and my favorite: height (of a person) is measured from the neck up. Victor Hugo and Emile Zolà and those beautiful books they wrote. President Charles de Gaulle such a nationalist man. The passion these people have for knowledge and aesthetic. That poise and pride they possess. That acting of them as a developed country that recognizes they can't keep on invading other countries to empowered themselves at the expense of poor people. Fortunately France has given up that attitude that in the past provided them a huge wealth for their invading countries in Asia, Africa, some islands and European places too. Some worthy of merit deeds are their withdrawal from Vietnam and later from Angelia. I'm certain they have evolved as a society thanks to their sense of nationalism. They don't know what poverty is, and every now and then you hear they are fighting for their rights, though they may now be exaggerating a little. Nowadays sometimes the question seems to arise as to whether the Capitals (big money) continue to be in France because workers aren't reaching agreements easily due to their disagreement with their employers' capital gains and also with illegal workers (By the way, illegal immigrants are a problem in most developed countries). But anyhow, you see the French making planes, high couture, telecommunications **and most of all: tourism.**

The French society has become expertise in selling worldwide tickets for people to glance at their country. They perfectly know that beauty is all around and keep making it, because they know world people seek to be near prettiness. Beauty is like a magnet. Hideousness is like a repellent. Years ago, I had a colleague. Tall, hefty almost fat, a bit too brown, scarcely handsome but he always was very well dressed, smelling to cologne and had a lordly walk. He used to say "You won't breathe poverty around me"…

If we think about rich countries, they all perhaps have something in common: they have been invaders. They have invaded other with the sole goal of getting richer. The United

States, Spain, France, Portugal, England, Germany, Holland, Denmark, Italy, etc. They all have gone to war and have been warriors knowing that victory at whatever the prize would make them wealthy. This is, they never cared about how many people got killed in the process. They never minded whether the people they were invading could or not defend themselves. Their mental attitude was "I invade you before you even think about it". Today, almost most countries have changed, and France is among them. **But while their attitude has changed it has also evolved. These days their interference to any given country is through products (they call it "globalization").** Look at Sony selling TV's all over the world. Volkswagen selling cars, Phillips selling spotlights, etc. The gains these transnationals obtain are immense and the winners are the countries these companies are from, NOT THE COUNTRIES WHERE THEY SELL (Mexico) IF THIS COUNTRY (Mexico) HAS A NEGATIVE TRADE BALANCE OF **SIMILAR PRODUCTS** (more imports than exports).

> *www.frenteendefensadewirikuta.org/?p=1153*
>
> http://www.m-x.com.mx/xml/pdf/256/30.pdf
>
> **Canada is taking away Mexico's gold**
>
> Little known and with a better reputation than their similar from the USA, a group of six Canadian mining companies holds control over 70% of Mexico's gold exploitation which reserves total 83,000 million dollars......
>
> Goldcorp, based in Vancouver, is a good example: This company pays only 55 million pesos yearly... But obtains gold with a value of 4 742 million pesos.
>
> **Por Mónica Cruz / enviada** mcruz@m-x.com.mx
>
> Fotografías: Christian Palma

> Please, read this article.
>
> http://revistaminera.wordpress.com/2010/04/29/minera-canadiense-encuentra-en-mexico-gigantesca-veta-de-oro/
>
> A Canadian mining Company finds a gigantic gold vein in Mexico. Abril 29, 2010

> http://t.noticias.prodigy.msn.com/negocios/aseguradora-mapfre-gana-187percent-m%c3%a1s-en-2013-1
>
> "Mapfre insurance company earned 18.7% more in 2013. Mapfre, the Spaniard insurance group, got a net benefit of 790.5 million of euros in 2013, being 18.7% higher than the previous year, thanks greatly to their geographic diversification. According to the information given by them to the Comisión Nacional del Mercado de Valores (CNMV), 64% of these benefits, though lower to the 900 million forecasted by the analysts, come from abroad..."

If there is something that makes me very sad is to look at the invaded countries and see how they live nowadays. The worst case is in Africa. Rich countries have exploited African richness knowing they were "easy targets", but these rich countries didn't even care about them as human beings who were fully ignorant, badly nurtured, without better knowledge of agriculture, much less of industry, since they were nomads (and some still are). To make things worse, today depletion is not only because of poverty, malnutrition and ignorance. Today they are infested with guerrillas, illness like aids, and tribal disputes that worsen with the "help" of other countries like Russia which keeps selling them guns, and also with the presence of Muslim radical religious groups. Hence, Africa is a Molotov bomb, and no one country is offering real help. Whyyy? Because as they keep killing themselves, the international companies with the rights to exploit the diamond mines can keep making money and exploiting and exploiting and exploiting African wealth!!!... Allow me to tell you how it could've been working democratically and with justice this African diamond mines' affair.

> http://web.iese.edu/Rtermes/acer/acer36.htm
>
> **POPULATION AND ECONOMIC PROGRESS.** Conference organized by the Ex-alumni Association of Navarra University, León, February 18, 2000
>
> ... How can explain, then, that countries with high growth population percentage like Eritrea, Somalia y Sudan suffer hunger?... Their problems are not because they lack the capacity of producing food, but the guerrillas that are leaving a high percentage of vulnerable population. In fact, populations with low density are more vulnerable to famine problems, because there aren't enough people to keep the communication and transport systems to distribute food promptly. As to Nobel Prize in economy, Amartya Sen says, none of the famine occurred during the twentieth century have been caused by overpopulation.
> All of them, without any exception, have been caused by civil guerrillas resulting from deficient social institutions and politics. Furthermore, the number of people affected by famine during the 20th century decreased with respect to the 19th century...

It is true Africans have been ignorant and aborigine many of them. It's true that they scarcely have an idea of what is happening within their neighborhood. I admit whatever bad thing is said about them. Whatever. No matter what... But anyhow AFRICA BELONGS TO AFRICANS. This means whatever resources within their country of whatever kind, they are their property!!! Then in the beginning of century XVIII or XIX when the richness of their mines and others was discovered, if only the Europeans had wanted they would have approached the African rulers and agreed to buy from them the diamonds at a fair market price. They would have taught Africans to safe the proceeds in order to set the foundations for a rich country, or teach Africans to preserve their richness so one day in the future, when Africans were to awake from mental stagnation and were willing to receive an education, they could live as a society, develop themselves and their country and so on. By that moment, Africans would have had the resources to emerge as a better society. Could all this have been possible? Of course!... But instead, look at what Europeans have made them achieve: cut apart people to a point of hate among neighbors and tribes, see one another as enemies, get offered help in fish instead of in fishing, allow and incite Africans to continue being... fool, let Africans live in such poverty that is more like rottenness, etc., while in the opposite side we see developed countries selling Africans Coca-Cola, cigarettes, liquors, clothes and occidental tastes, and so on and on. And guess what? **Developed countries have been keeping doing this in most belated societies (many poor and ignorant people).**

The situation isn't as bad in Latin-American though bad things are happening. Firstly, I would say we Latin-American people aren't as united as we should. Some economists say that poverty plus poverty equals to more poverty and that's why we should better do business with rich countries. In my opinion, there are several areas where developing countries could enhance if working together... Unfortunately, there seems to be certain jealousy over who holds the group's leadership of the Zone, which is a stupidity (Do you remember the Maxim Democracy?) ... if we go on the same we'll remain separated. Central America is in real danger. Cuba is a matter apart even though is Latin. I admire Fidel Castro a bit too much for loving so much his Cuba as to erase analphabetism and grant education to the people. Everything indicates Castro will die in a communist Cuba. It's a shame. Such a great man would have climbed to posterity as a

Napoleon for Cuba if only he had leader a Free Cuba to the world which will happen just after he dies. Cubans are more than ready.

I'm not against helping countries in need but I wasn't expecting the news of Mexico given away 341 md of Cuba's debt of 487 mdd. This means every single Mexican could have received 2.841 million dollars, that is, 37 million pesos!!!

> http://www.contactomagazine.com/articulos/cubamexicodeuda0907.htm México Congela Cuentas Bancarias de Cuba en Europa
>
> www.contactomagazine.com/articulos/cubamexicodeuda0907.htm
>
> "...29/01/2014 ... Banking of **Cuba in** Europe. The Mexican government froze the Cuban banking accounts in Europe, due to their debt of 554.9 million of ..."

> www.aztecanoticias.com.**mx**/notas/finanzas/172921/**mexico**-condonara...02/11/2013
>
> Mexico will cancel 70% of Cuba's debt: IRS - Note...
>
> 02/11/2013... **Mexico** will cancel 70% of **Cuba's debt**... He added that **Cuba** will have 10 years to pay the remaining 30%..., Mexico, DF.
>
> -The Mexican Government will exempt **Cuba** from 70% of their debt of 487 million dollars (md), informed the head officer of Secretaría de **Hacienda** y Crédito Público (SHCP), Luis Videgaray...
>
> The head officer of **Hacienda** (the Mexican IRS) explained that this debt belongs to a credit granted to the Cuban government by the Banco Nacional de Comercio Exterior (Bancomext) almost fifteen years ago. He added that **Cuba** will pay the other 30% standing in a 10 year period. Luis Videgaray indicated this agreement of payment will allow broadening diplomatic relations with the isle...

Venezuela is currently going through a bad situation. Sincerely, I just don't understand why. All I can see is a beautiful country populated with good people that is becoming unstable even though it is rich in oil reserves, among other.

I was just thinking about poverty in other countries and I can't tell why but I remembered an Irving Wallace book about the life in the Polynesia. Wallace version of course. Then, I thought in those addict people with no desire of healing, and I had a "trip" of my mind... But, coming back to the economic subject, something I would consider reasonable is the idea of having developed countries vanish poverty worldwide. (This is 2014 and there are 7250 million human beings in this planet). They could sell "Developed Services" to countries in poverty, instead of only "Globalizing" them. It could be desirable to have not only developed countries selling this "Key-in-Hand Projects", but also those mid-developed/developing countries (for instance Mexico). This could give to any person around the globe, the opportunity to help in substance. But, please, don't laugh at me.

> http://www.un-ngls.org/spip.php?page=article_es_s&id_article=2708
>
> World Economic and Social Study- 2010: New tools for World Development. A new era.
>
> According to the Study, the present economic reform pattern has to take into consideration and forward solutions to several challenges, among others:
>
> • Major changes in the world economy structure mainly due to reconfiguration of the economic power balance. The rapid growth in the Asian continent is increasing the income of the emerging countries' people while leaving behind other due to stagnation, especially within the African continent. Similarly, the inequality level within the countries and among them increases considerably.
>
> • Demographic changes that will increase global interdependency. It's estimated that in 2050 there will be 9000 million people in the world, 85% will live in developing countries.

> - World old age people. It's estimated that in 2050 one out of four people in developed countries, and one out of seven in developing countries, will be older than 65 years old, this situation will greatly cause tension over the health and retirement systems.
> - Increase of urban population. The forecast indicates that 70% of world population will live in urban areas by year 2050, which will cause specific problems. In fact, the inequality increase may bring social and political instability. [In our country, 20% of Mexicans live in 1% of our territory: Mexico City and the Suburbs].
> - Environmental deterioration due to added demand by a constant increase in population. Also, the negative impact of climate change in some communities may cause a migration increase

What about the environment, who cares?... This matter is showing the worst of human beings. Why the hurry in making so much use of oil? Do people exactly know what is *gonna* happen to the planet? When will people do something for polar beers and other species in danger?

Japan and Norway don't stop slaughtering species like whales, dolphins and other. Look at the world's most powerful country reluctant to sign the Kyoto's Agreement wherein the nations oblige themselves to decrease the hydrocarbon burning, which is the main cause of destroying the atmosphere's ozone layer, which in turn increases the global heat and lets solar rays burn our skin, and is also modifying the planet's weather, which happens to cause, among other, floods and death of people and animals… Africa is losing fertile soil every day because of this situation, which eventually will translate into more poverty. Extinction of Animals is happening due to lack of green land since the desert is spreading.

Flora is also disappearing every day and forests too, due to wood cutting everywhere. According to science studies, cars are the main reason for pollution. I heard on the ratio that planes account for 5% to 10%, industries just the same **and the rest goes to cars!!!...**

Most countries in Europe, Scandinavia, Japan, and South Korea, all of them apply a very efficient public transport policy. People don't need a car anymore to move around because there are buses and trains (subway/underground). It isn't that they wouldn't prefer to travel by car. Who doesn't? But if they were to, they would spend twice as much, besides, they wouldn't find where to park and the traffic over narrow streets would be awful. It must be said that these countries have chosen to use the public transport not because they are environmentally conscious people but because is their best option: these countries have a small territory, streets are always narrow, their beautiful and antique buildings are a tourist attraction, and most importantly, some of these countries don't own oil. Nevertheless, they are an example to follow.

In Mexico every time the subject comes up, some people start arguing that is not possible because it would affect the economy, but behind closed doors is said that many "private interests" would be affected. All in all, this subject is like taboo in this country and in the end they just cease to talk about it. Meanwhile, common people has to struggle at least twice a day with the lack of efficient public transport. You see *every day* people hanging from the doors of the pesera (medium size bus). You see a mother with her two children "pulling her hair out" because she got to the bus stand 2 minutes late, and has missed the right pesera (not very crowded), and now her children will be late at school since every pesera passing will be too crowded...

I remember we had the same situation since my high school days. But it got worse during my university days. I used to start classes at 7 a.m. and it was supposed to take me 25-30 minutes to arrive. Well, no. I had to leave at 6 a.m. or there wouldn't be a pesera for me. Thus, I had to wake up very early and with my eye boogers on leave for school. I always got 30-35 minutes earlier and in winter I used to freeze. I promised myself I would purchase a car the sooner possible. In time, I was only one more person polluting the environment. Do you think I really cared? Don't you think is a sad situation considering it's been more than thirty years of the same? You tell me why we have to continue tolerating and tolerating... I'll give you another example for you to see how little importance pay to our needs the politicians you and I sustain. I'll try to be clear.

Near my house (point B) busses go to point D. Many people get off at point C. After 7.05 a.m. it will be impossible for me to go to point D because all buses go too full. Then I will have to walk to point C to get into the bus. Point C for me is one kilometer away. But what about the people that takes the bus at point A, from where the terminal is like one kilometer behind? What can they do? I know buses are expensive and adding more will increase tariffs. Then, wouldn't it be simpler to solve the situation without more buses? Thus, have a bus in rush hour to merely go from A to C and back again to help people avoid all the stress?... Clearly also, it would be fair to pay the same amount as before. Anyway. And what to say about all the gasoline we stupidly burn every day having so many cars running.

Something has occurred in regard to the cars issue (2012, http:// www.conexionbrando.com/1111436). I've always questioned why on earth we can't produce cars nationally. I'm sure this is a huge business. Well, guess what? A new mini car has just been launched in India. It's smaller than a Chevy (90-100 thousand pesos), is about three meters long and one and half meters wide. It's an austere car but very efficient in oil consumption. "The car of the people" is a four door with a thirty horse power motor and runs 100 km with 5 oil liters and the prize is $30,000 pesos ($2500 dollars)!!!... To make things worse, cars are evolving and we are still without producing. Nowadays the trend is towards the electric car, the hybrid car and the flying car (¡!) A Slovak man is the inventor, if it is not a bad joke: (http://t.noticias.prodigy.msn.com/video?videoid=m3mfqwec)

Autos SOLANA, the Mexican sport cars forgotten. Find out the story of these Mexican cars manufactured before the Mastretta and VUHL. 31/01/2014 by Miriam Santillán Bueyes

https://bay172.mail.live.com/default.aspx?id=64855#n=484480697&fid=1&mid=64171589-934a-11e3-b7b6-002264c1d2c0&fv=1

31/01/2014, por Miriam Santillán Bueyes

What do we need?

- Willpower to be together!

13. Economy

I promise you this chapter will be the shortest and simplest to understand because I know many people get bored with this topic, I was one of them in the past. But if by any chance you feel attracted to it, I recommend you to read one by Samuelson, is the best I know of. Trust me, you'll love it. Oh! I also recommend you to know about subliminal advertising; concepts like **signaling information** and **price transfer**; and to learn about the development of countries theory. A long time ago when listening to a radio program about a PhD professional specialized in symbols, I got astonished to learn how important they are. An example: take a look at the near surroundings of our *Angel de la Independencia*. If the trend continues, we will have to change the location of this landmark of ours. In the meantime you have here another subject to study... There's still one more: Distract the attention or discredit in communication. http://biblio.juridicas.unam.mx/libros/1/419/8.pdf

Basically there are two kinds of countries: Socialists and Free economy. Let's talk about the strongly socialist (communists) and the strongly free economy. Prices of items vary depending on where they are produced due to inherent costs of the producing country and the type of economy such country has decided to have. Then the costs will determine a cheap currency or an expensive currency.

China is now the flavor of the month, because it has been invading all world markets with all types of very cheap items of low to medium quality. China owes this success to having a very very simple form to manage the economy, *"simple" means "savings and low costs"*. The government provides housing, employment, food, school, clothing, etc. to the people and commands them what to do and what to produce, and since families receive almost all the basic they need, then their salary for their work is very low. Besides, they almost don't have to pay for advertising, premises rent, electrical bills, IRS offices (taxes), accounting bureaus, attorneys expenses, customs offices, unions expenses, etcetera... and, oh! most people ride a bicycle, this is, they don't burn hydrocarbon in private transport, and the expense they do is mostly for some buses, cars and other. All of these savings push the prize of every item downwards, but there are still two more things that push them even further: a very cheap labor and the oversupply of labor (China has more than 1300 million people, Mexico has 120 million)... As I understand, China is building lots of modern buildings and high-rises, they already own a great deal of technology; they have developed nuclear bombs and have lots and lots and lots and lots of people learning of everything!!! ... And We?

Let's give an example with Alarm Clocks. The Chinese government decides to produce Clocks. It chooses the land, builds a Plant, gets the tools and the machinery, hires the personnel, trains them and very very soon after, they are producing millions of Clocks. Then the Clocks are shipped to many countries. When they land to customs of any given country, we have two scenarios. If the Clocks are entering legally, the Chinese will have to pay taxes, and there will be control over how many Clocks get into the country. Naturally, consumers are happy to spend less money for a Clock so they can have extra money available for food, spend it with the children, etc... Oh!!! But the story doesn't end here. Oh, no! Let's now see the other half.

> http://www.cnnexpansion.com/negocios/2014/04/09/hp-soborno-por-contrato-con-pemex
>
> **April 11, 2014.- HP bribed for contract with Pemex**
>
> **The Mexican branch of HP spent more than one million dollars in commissions to get software services contracts; HP also bribed for contracts in Russia and Poland...**
>
> MEXICO CITY (CNN Expansion) - Hewlett-Packard Mexico paid out more than one million dollars for commissions to obtain a software contract with Pemex, said this Wednesday the Office of Securities and Exchange Commission (U.S. SEC)...

We have in this country the Clocks brand "Cradle me" that employs 800 people; every Clock sells at 100 pesos. Sales have always been stable and growth constant. However, the management of the firm has been noticing a steady slow decline in sales.

A market survey shows that there are many Chinese Clocks on sale mainly at open markets and with street vendors and these are very similar but have a prize of 60 pesos. Time goes by and sales have dropped 50%. Then, in a desperate move, the management reduces labor by 35% hopping this will allow them to survive. Such measure has brought conflict with the Union. Only five months later, sales haven't recovered and the company is merely breaking even because they also had to lower the price to 70 pesos. Things haven't gotten any better when they find out Chinese Clocks sell now at 40 pesos... Soon after "Cradle me" sales collapsed; they have problems facing labor costs and suppliers invoices. Two months later, the "Cradle me" Alarm Clocks Manufacturer, which had been operating for four generations, shuts down. They reach a closure settlement with the workers and rescue only the land's value. The owners (a family) are full of rage; and the workers, full of despair…

One economy rule says that only if what you produce is of equal price or cheaper than other similar product, you will do business…, but this premise doesn't consider the welfare obtained by producing with superior quality and design. Imagine if we follow the rule, then we would only be producing some goods, now that Chinese are making everything and cheaper (costs of shipping included since they carry raw materials and even water back home; they were in trouble with the USA because they almost dried up a river there). Thus, we could buy everything from China, while triggering up unemployment so much that will cause misery, and you may not need me to tell, this is where we are going towards now that you see lots of products for sale but less buyers available!… You tell me what we should do with so many unemployed people, so many unhappy dawdlers! Just recently I read an article telling that 60% of people in age to work are part of the underground economy, this is, street vendors, sales by catalog, etcetera.

For several years now, many American companies have been manufacturing their production in China in order to obtain very low costs and consequently more gains. Mexico and the United States have a Free Trade Agreement which allows free of tax transit of merchandise. According to our Trade Balance of 2012, our exports and imports were similar in amount. But most of our imports were from American products made in China which means all those products didn't pay taxes. Moreover, NAFTA was signed to help both nations (Mexico and the United States), together with Canada, to improve their markets (of the three countries), to improve their production (of the three countries), and to improve their citizens' wellbeing (of the three countries)…

Under a free economy the country's economy is ruled by market forces, demand and supply, production costs and by competition. Any manufacturer-producer of goods and services is affected by countless elements like: high freight charges because of too much traffic in the streets, bothersome laws that oblige hiring accountants and lawyers, union workers which representatives seem more to be seeking their own benefit to enrich themselves than to protect the workers they represent; grains, fruits, vegetables with increased prices due to intermediaries, high taxes over production and high taxes to personal income... All these to sustain an expensive and spendthrift bureaucracy, frauds to the nation, expensive supplies and paperwork due to bureaucracy, and even more things... I'll give an example.

I went to my father's workplace and parked my car. It was my first time using the machine. I paid 9 pesos but thinking that I could be longer I paid other 9 pesos. I placed both tickets over the dashboard and left. Nearly fifteen minutes later I took a look at my car and couldn't believe what I saw. They had placed the lock to the tire. A twenty minute walk later I got to a place to pay. They don't accept complaints only payments. In spite of my anger, all I could get was the address to request the near to six hundred pesos of the fine back. The following day, I went to this office and very kindly, I got a consult to actually sue the government (¡!$$$), which resulted to be annoying and took of me several trips to this place. Then, I had to wait for about 3 months to receive the "verdict" and after several calls they gave me an appointment. Instead of getting my money back, when I got there, they handed me over a document for me to take it to the IRS office (prior appointment) and once there, they will be given me a written answer with which I will have to go to another office downtown to pick up a check, in which they will discount I don't know what... I feel so impotent!

I finally want to mention something quite important: how the economy moves. We have the primary industry (agrarian), the secondary industry (manufacturers) and the third industry (services). The more developed a country is, the more manufactured products and specialized services it produces... on the other hand we can talk about the products per se. Products evolve. When plastic was invented for certain items the henequen lost market. When calculators appeared the abacus almost disappeared, cars substituted carriages, plains substituted trains, etc. Every time a new product emerges, another may be substituted or disappear for good.

Twenty years ago we used to draw by hand architectural plans and other. When drawing plans by computer started to spread, it was very difficult to find draftsmen and had to pay over 30%. Today you will be very lucky to find a draftsman capable to do it by hand. The importance of understanding the evolution of products is **to know how this can affect you** and by knowing it, you can evolve or change jobs. If you get cleaver and are one of the first to move, your chances of success increase a lot. An example: The henequen market. Years ago there used to be many henequen producers at Mexican haciendas in Yucatan. They were prosperous and gave work to many people. When the use of henequen was replaced, the Haciendas went bankrupt and were eventually abandoned. This was more than fifty years ago but only during the last years is that the Haciendas owners noticed their great potential as luxury hotels since they are the Mexican castles. Time had now ruined them, and lots of money is spent to refurbish them.

It's very sad to see a small family business going bankruptcy as a result of either the evolution de markets or the lack of knowledge of the owners. This type of businesses eventually closedown and vanished at a great expense. I'll give you a very good example.

For decades the "tienda de la esquina" (small grocery store selling general and food merchandise) provided the support to many Mexican families. Today, they still are, but now they are struggling to survive… It's pretty odd to see how many shops like Oxo (a Coca Cola business too), the 7eleven, etc., have spread everywhere. Comparing a tiendita with an Oxo, what do you see? I see Oxo has a modern stile, it's neatly decorated; it seems like a mini super.

But I see two more things: first, they have excessive lighting and fridges, and the second is that they frequently have sodas on sale, for instance, Pepsi 5 pesos instead of the 7.5 pesos normal price. I wonder how they can do it and also pay workers. And besides, HAVE 3 WORKING SHIFTS!!!… How can they survive paying a lot in electricity? Furthermore, how can they sell Pepsi below the cost prize? And you have to add up the Security officer every store has… DAMN iT!!!

This is unfair competition and NOBODY claims it!!! But meanwhile, thousands of "Tenderos" are in jeopardy because in no way they can compete against those… And more unemployment is happening ¡!!! …AND NO ONE DOES ANYTHING!!!

An advice: listen to the news given by serious journalist like those on Channel 11; always check the source (who's writing or saying something). Observe what's occurring on your street, your neighborhood, your city… and the people… I'm afraid I couldn't keep my promise of this being the shortest chapter but now I stop.

What do we need?

- The willpower of every fellow citizen!

14. Money

Money is only a tool to buy and sell goods and services. However, to any society is of most importance. Many times it becomes the most important issue because almost everything can be translated into money. All wars, all differences among enterprises or among family members can be deduced to money being the main cause. Look at the reasons for divorce, in 90% money will be involved. Every day of your life can be counted in money. If you're an adult you leave the house to gain money. If you're a boy or elder you cost money. Now, be honest and tell me how you spend a day (?), do you spend your day, or make use of your day?

The core part of this instrument lies not in how we gain it but in how we make use of it and the intrinsic value we give to money. For instance, some women would give a kidney to own a Chanel dress that costs between 5000 and 40000 pesos or more. Also some men would dare to blackmail or do illegal work only to own a BMW. The point here is that we value things not only for what they cost but for what they mean to us. Every one of us has certain number of skills and abilities that allow us to take an activity to make a living. There are some very fortunate people with great skills and abilities hence, allowing them to make a great deal of money (though it's not always this way). Exist on the other hand, people with scarce skills and abilities (most cases due to mere ignorance) that allow them to have a modest salary to make a living. The very fortunate are not a concern in this chapter.

Fundamental is to know that if I am not within the fortunate people, it is in my best interest to understand that a Chanel dress is only two or five meters of very exclusive fabric in a beautiful design and that a BMW, similar to the Chanel to a certain extent, is so expensive because it's made using high technology, beautiful design, many hand made parts, but most of all because overall costs are too high because the people manufacturing them earn a lot of money, pay a lot of taxes **and pay huuuuuuge amounts in marketing to establish status.**

The wealthy people in this country will always gain if common people are doing well, this way the rich won't be ashamed of them but gain in value (they know what I mean), you have to understand they will always be rich... This is alright because you as a person feel motivated to be better, work harder and have something else just for the sole pleasure, otherwise where would the incentive be, where would the "carrot" be, what would the prize for being better and more audacious be. Look at communist societies. It took the Russian more than seventy years and the life of a lot more than one hundred million people, like you and me, to fight for an equal society and they got something indeed, but there was a lot of injustice and a lot of people veeery unhappy... Ambition isn't a bad thing, what is wrong is how we use what we own due to our ambition; the wrong is not to ambition but to ambition something beyond our reach because we will be unhappy all the time... I'd rather have a wealthy Mexican in Mexico than a wealthy Mexican living and spending in other country or worse yet, a wealthy foreigner taking all of his gains to the country he originally came from.

Modelo pueblo

By the way, I was just the other day analyzing Forbes list of the first 100 billionaires (those owning thousands of millions of dollars) of the world and I found out among the many things I could say, that their fortunes are immense and the areas their business are include telecommunications, software and similar, supermarkets, mining, breweries, clothing, petrochemicals, candies, tennis shoes and sport ware, make up and cosmetics, financial banks, food, electro domestics, fashion and leather, construction, sodas and other.

> http://www.zocalo.com.mx/seccion/articulo/millonarios-cuantos-son-donde-estan-en-que-invierten-su-dinero-1372117550
>
> "And, actually, according to the World Wealth Report 2012, which every year Capgemini consulters and RBC Wealth Management elaborate and that stands as the main inventory of millionaires (understanding as millionaires those who own over one million dollars) around the globe.
>
> The United States is the country where more millionaires live: *more than three million*.
>
> It follows Japan (1.822 million) and Germany (951 000). Between the three concentrate more than half the total millionaires of the world.
>
> The other to complete the top 10 are: China (562 000), Great Britain (441 000), France (404.000), Canada (208 000), Switzerland (252 000), Australia (180 000) and Italy (168 000).
>
> According to the study, there are supposed to be 144 600 people in Spain with (banking) accounts of more than one million dollars, 5,4 % in contrast with 2010.
>
> These past years have witnessed the increase of millionaires in the Asian-Pacific region, becoming the area with the highest number of millionaire people (3.37 million people), surpassing for the first time The USA, where there are 3.35 million; and to Europe (3.17 million).
>
> (…)Crisis over the traditional economic areas hasn't prevented an increase in the number of millionaire people. As a matter of fact,

> in the middle of the most radical crisis the world has lived since the 30's of last century, the number not only hasn't decreased but it increased in 2.4 million. The increase represents a 28% higher than in 2008.
>
> More money in millionaire people pockets...
>
> The areas with the highest growth of millionaire are the Asian-Pacific and Latin-American zones. Brazil is in fact, the world place where the number of millionaire increased more in 2011.
>
> Where do millionaire people invest their money?
>
> Most of them make use of top specialist ad hoc management companies, which offer sophisticated investment portfolios with different level of risk to meet their clients' requirements.
>
> Those operate in fix and variable markets all over the world and constitute, in many cases, relevant participants of the market...
>
> (...)In 2011, millionaire people's money was targeted greatly towards jewelry collections, sport vehicles, precious stones and coins, and it was less money invested on other types of investments like finest wines or sports related investments, teams and events which profitability fell up to 30%.
>
> The Hagerty Index, which is correlated to the Ferrari cars market price, has increased 22% likewise demand; the same has happened to diamonds market price with an increase of 30%".

Capital gains translate into cash which can be invested again or in other area of business or destined to savings. The real value of savings stands in the possibility for a country to develop industries: people put their money in saving accounts at banks and consequently the banks are able to offer loans to entrepreneurs needing the money to set up a manufacturer plant to fabric computers or small tractors, etcetera.

Every "Pueblo" requires of an administration... I remember years ago, when I lived near Plateros, we used to have a neighbor (manager in turn) of the building we lived in, who was in charge of collecting maintenance volunteered quotes, since in those days it wasn't mandatory for condominium owners to sign a contract. Even though this monthly quote wasn't high, it was enough to have our gardens beautiful, all yards and corridors clean, garbage collection, lighting in common areas, and cover some eventuality. When it was necessary to paint the building or waterproofed the roof or another within this range (meaning more expensive), the actual manager (same neighbor) would make us know the amount we had to pay. To tell the truth the building was always well maintained as well as the complete complex. We at home always paid whatever they asked from us, but one day I questioned if all owners paid regularly. Then I learned that only in our building there were three troublesome owners, from a total of ten. One of them rarely paid, another didn't pay because he was renting his flat and was never seen to be asked to pay, and the third one happened to be an elderly couple who always argued they didn't have the money to pay (so they said).

I did numbers and found out that if the ten owners had been paying we would have been paying 70% of what we actually paid to keep in good shape our property. Hence, I talked to the manager in turn and he told me they had already tried many times to make the three irresponsible neighbors pay but without any success at all. Eventually, I moved out leaving the same situation behind.

Every "pueblo" requires of an administration which subsists financed with the people's taxes to contribute back performing countless activities, like the creation of laws, to construct streets and see their maintenance, provide public services, design new cities or neighborhoods, establish health centers, build schools and set them to work, provide different means of transportation and organize other, organize "ejidos" (Mexican parcel of land owned by a family) and give support to all concerns of the countryside, safeguard our forests, seas and frontiers, norm and organize every area of the economy, etc., etcetera.

To count with an administration is quite good because it allows every citizen to mind their own affairs in order to improve ourselves in whatever the area we choose to evolve in, which consequently may help us seek a good life. We always understand these mechanisms and we always accept as inevitable to contribute with a tiny portion of our income to become a better society. However, when we see, or read or hear about all the wrong doing our bureaucracy does it makes us sick. We simply become reluctant to pay taxes to help other enrich themselves out of nothing. Worse: out of our money. In Mexico any formal business and worker pay taxes. We call them "captive" since they are forced to pay taxes, but they are only one part. Another part refers to workers that own some businesses or work on their own. They are also captive because if fail to pay they are in real trouble with Hacienda (Mexican IRS). Add all of them and you will have less than 60% of the total, who have to pay taxes. This is the result of having, on one side, too muuuuch unemployment and, on the other side, too maaany informal vendors, who besides represent disloyal competition to legal commerce.

> http://diario.mx/Economia/2014-02-12_3e25a1ae/baja-desempleo-pero-aumenta-la-informalidad/
>
> Unemployment decreased, but informal economy jobs increased. Reforma | 2014-02-12 | 09:34... *"Distrito Federal* - During the last trimester of 2013, unemployment rate decreased by 4.6% from the Population economically on age to work (it was 4.9% last year's period). But informal jobs increased in absolute numbers from 58.8% of Population economically on age to work to 59.8%..."

Allow me to sum up:

- Our society is a civilization of more than 3000 years old.
- Many battles were fought among our ancestors.
- The "Malinche" indeed existed.
- Our people were subjugated over 300 years due to the Spanish conquest.
- We fought a war for 11 years to gain our Independence.
- We were invaded by France (two times) and by The United States, too. We bore the cost in both occasions.
- Only 27 years after our Independency, the United States deprived us from half our territory. We had already previously lost a piece of our country.
- Then, 60 years later, the Mexican Revolution broke out lasting more than twenty years. Being a peculiarity the many legal governments that were overthrown due to disagreement.
- Then the PRI arrived to power.
- We merely had 20-25 years of stability and prosperity.
- After 70 years of hegemony by the PRI, we had only two governments of a different party (PAN) but without positive results due to many reasons: *in only 12 years in power they doubled our foreign debt*, and among other, there was disagreement between parties.
- July 2014: we already have not only 8 but **10 Political Parties** registered and the Energy Reform was approved, so it's said.
- It's been only less than 2 years of the PRI's comeback but we already can count in more than 40 the years of governments where fraud, power abuse and corruption have been a constant, and all these ailments are already shamelessly occurring within the other economic sectors.

- We have a tremendous problem called drugs trafficking.
- We are more *"malinchistas"* than average.
- It's common word that being employed by a transnational company will give you better benefits and improve your Résumé. To date in our country, there are many transnational firms owners of Banks, Commerce and all-type industries but if this wasn't enough, these transnational enterprises are now investing in the best business areas in this country like Real State and Mining, and they are also ready to invest in the oil industry. Furthermore, there are already some companies on charge of the growth of their own production of basic products for their process.
- "The Mexican government reported to the International Monetary Fund... that our foreign debt has reached a total of 425 864 000 000 of dollars..." http://www.jornada.unam.mx/2014/07/04/economia/025n3eco
- Somewhere in the future, when we lack of oil, gold, precious woods and any other item of great value we will be as vulnerable as economies like South Korea. By then, we are going to have to pay very high prices for oil and other.
- Just during the time it took me to review this notes of mine (say august 2014), some of the extra news are: the illegal exploitation of jade at Chiapas mines being sold at a loss to the Chinese; the scandal given by the PRI-city's leader, Gutiérrez de la Torre, charged for having a prostitution network; the PAN congressmen on duty in Puerto Vallarta, who during the weekend had a "tableparty" in a three thousand dollars a day house; the excessive amount authorized for pre-elections expenditures; the dreadful increase to senators "free expenses" line item; the Mexican

banking system's assets concentration by 7 banks (out of 53) holding 78%, and 90% of total gains while placing 84% of total credit: BBVA Bancomer (20%), Banamex (18%), Santander (14%), Banorte (11.5%), HSBC (8.5%), Scotiabank and Inbursa (7%); oh, and the presidential aircraft is about to be replaced...

- We continue INDIFERENT even though our economic situation is like if you were to borrow money giving your house as a guarantee to produce flying balloons and you're your business fails, then you borrow more money but this time to produce and sale home delivery "churros" (cheap bread), and after failing again you borrow money again, but this time to produce mono cycles, and when failing once more, you borrow again to produce... One day you end up losing your house.
- We are already producing too little, but the Chinese are even producing fabrics at cargo ships in Tampico and they are also spreading their markets across from Cancun.
- We have 60% of our potential workers "employed" in the underground economy. I certainly celebrate that they do have a job, provided that they are selling national o legally imported products, but even yet, the question arises: Is this the best for 32,000,000 workers and their families? Is this the best option today?, in 5 years?, in 12 years?... It's true that many "vendedores ambulantes" are making very good money, but I ask: Is this really the job these persons can be proud of and make proud to their children?
- According to CEPAL (Economic commission for Latin America and the Caribbean) 7,400,000 Mexicans endure hunger; 60,600,000 Mexicans live under the

minimum line of well-being. Mexican native children suffer the largest percentage of mortality and malnutrition.
- Look at the way one ordinary day of yours goes by. You go in a hurry, stressed, or annoyed. Already at night you're tired, unpleasant, irritated. You watch TV and what you see but violence and pessimistic news. You hear the news, fraud, murder, vengeance. Just recently, you can notice censorship within the mass media.
- We all are responsible of our present condition: society, media, government…
- If we go on only complaining, how are we *gonna* be in 1 year?, in 5 years?, in 12?, in 20? …
- Social discordance is the result of a governmental policy that is separatist, discriminatory, classist. Since we do not like each other (the result of mutual distrust), everyone minds only their own affair. Then if one day for example, something terrible happened to you at work (maybe you were laid off due to downsizing), or maybe your spouse's car was stolen, or perhaps you were robbed your salary. I can't tell but something happened that made you very upset. You leave the office; go to your car and drive back home. The traffic is jammed because a street six blocks ahead was closed. Then, 35 minutes later, fed-up of waiting, everyone is honking their cars horn and fighting for every centimeter inroad. Suddenly, in a wink, I surpass you gaining extra meters to my destiny… without knowing me at all you get mad at me, you yell at me, you pretend to smack into my car, *you send me to hell*… Do you remember Maxim # 4? REMEMBER. REMEMBER I AM NOT THE ENEMY. REMEMBER.

What do we need?

- Create the bonds Bonmex (investment bonds to encourage national production)

15. Education

What is education?... why get an education?... who benefits?... why a country gains when the people are educated?... how can any person get an education?...

> http://t.noticias.prodigy.msn.com/nacional/cuesta-a-m%c3%a9xico-240-mdd-un-brote-mediano-de-dengue
>
> A mid outbreak of dengue fever costs Mexico 240 md ... Mexico destined **over 2000,000,000 pesos** in 2013 to combat it... The greatest obstacle within society is the lack of measures to prevent the virus from spreading, even though these are simple measures, like to avoid things getting covered with water, or rubbish, particularly plastic recipients, and to avoid accumulating worthless stuff... "Somehow people don't realize larvas are inside their houses".

Educate oneself means learning of everything, from how to behave day by day, how to nourish oneself and why, how to value important things like money; how to build up values like respect, cordiality, empathy, pride, honor; how to praise what we have and the people around us; how to get to understand we are unique and one-in-a-lifetime in a galaxy that is part of the universe and the cosmos; how to learn and be master of something you like and feel passion for, and which besides, allows you to be part of the social gear-machinery while enjoying all the good things life has to offer you... Remember you are vulnerable if you remain ignorant.

A regular present element in every rich country is their people's high level of education... Educated people see mundane things in a different way, they know better how to discern in different situations, they fight better for their rights, and they lead life in a more pleasant manner.

The key word in education is willpower. Because one's desire for education comes from within oneself. In my opinion many people don't want to educate themselves further because they don't want to go up the ladder since the more you grow the more commitments you get, then, these people prefer to live in a state of comfort where all they need are basic things... In the best scenario we see people with limited entrepreneur capacity. Here you just have to understand they are already doing their best to live in the best possible manner... nonetheless, education is still important if you are aware the brain is a muscle that needs working out or atrophies... nowadays there is still another consideration to get an education, and it has to do with the number of years we live. The average lifespan of a person results to be about 70, but in my opinion is approaching 80 years.

According to INEA the estimates for educational backwardness to December 31, 2013 ... (http://www.inea.gob.mx/transparencia/pdf/Estimacion_rezago_2013.pdf) From the 85.4 million of population aged 15 or more, there are 5.1 million illiterate (6%), 10.0 million haven't completed primary school (11.8%), and 16.9 million haven't completed secondary school (19.8%). All of them account for a total of 32.0 million people without basic education (37.6%).

For a short period of time I did a service like an academic advisor at INEA (NATIONAL INSTITUTE FOR THE ADULT EDUCATION –including other younger) therefore, I can tell you a few things, if you're interested in finishing your primary, your secondary or your high school (in a near future). They have a very-very simple way of working so you learn easily and in a short period of time. They take into account what you have already studied. For instance, if you studied four years of primary school, they consider them so you will only study the final two years, but in only a few months. Thus, you will be able to conclude it very soon. INEA's books are beautiful, easy to understand, they include many exercises "of real life cases" which make them more interesting and they even have few exercises, so you will spend only few hours at home and with your academic advisor, and also, you will notice that advisors offer you a good service since they train us very well.

You know it will be helpful to own your basic education certificate for you to obtain a better job, because with it, you're letting know your willingness to compromise, but it will be even better the satisfaction for your achievement. Until now, employers' minimum requirement to candidates is a secondary school certificate, but in the near future they will be asking for a high school certificate since this is already legally stated.

http://t.noticias.prodigy.msn.com/se-pierde-la-mitad-del-tiempo-en-el-aula 18/03/2014…

Students lose half the time of classroom teaching time at school

A report by the World Bank states that Mexico is the country from Latin America where less effective hours are dedicated to academic activities… From the total hours a boy stays in school, only half of that time is allocated to learning, the rest is lost as the teacher takes attendance, hands out notebooks, erases the board, or simply because she/he leaves the classroom… This means that only two or three hours are used for students advancement in the educational program, which means a whole day loss of effective learning every week for students and teachers, which translates into 40 days from the school year… The study shows that one factor for the students dispersion is the teachers making use of the board as the only teaching tool or their speaking up while the students take notes (…) The background of Latin American teachers hasn't allowed the academic programs to move towards the new teaching methods, where the children need to apply criteria, learn to solve problems and get knowledge to use in their daily existence, according to the World Bank (…)

For us to get to becoming a first world society and economy, we need of a profound education: Civic Education, Physical and Health, in the "Beau arts", Sexual, Environmental, in Science and Technology, etc. - We are not discriminated for our skin color but for the way we behave.

http://t.noticias.prodigy.msn.com/ni%c3%b1a-tamaulipeca-paloma-noyola-la-pr%c3%b3xima-steve-jobs-1

Niña tamaulipeca Paloma Noyola, la próxima Steve Jobs:

November edition of magazine *Wired*, shows a student from Tamaulipas, Paloma Noyola on its cover, to praise her professor's teaching method applied on her, which took her to achieve the highest mark on the Enlace Test, at national level in mathematics. The article shows in detail how his radical teaching method could trigger a generation of genius.

Paloma Noyola's history emerged to surface because she's a girl from the slums living in a poor, conflictive and insecure area; the school she attends to is flagged as a "punish place" for being located near to a waste deposit, in the frontier city of Matamoros.

Her professor Sergio Juarez Correa, based on teaching methods of Great Britain's Newcastle University where professor Sugata Mitra, applied little by little "new teaching methods already implemented in developed countries that countervail Mexican obsolete methods whose origins are mainly from the industrial revolution giving value to punctuality, attention and silence above all", says the article.

Professor (Juarez) focus, among other things, on promoting the students' awareness of their potential once they acquire knowledge on their own and are able to solve, on their own, problems that need some reflexion, that is, when the students, and not the teachers, are in control of their learning, while making use of the internet, as limited access as their situation is, but considering it a valid tool to meet their goal.

When he realized his student, Paloma Noyola, got right answers almost immediately, Sergio Juarez got surprised and started to work with her, confirming she was gifted with mathematical skills; when he asked why she hadn't shown this ability, Paloma answered: "because no one had ever made it interesting".

Lastly, this important magazine points out that Paloma, recognized as a Steve Jobs, and her teacher are a living proof example of the success of the new technology era teaching theories, even though adverse conditions.

What do we need?

- Willpower, willpower, willpower

16. Work

Ideally you should have a job that makes your day nice, but better take the one that can make it beautiful. This is more than able to accomplish but requires search and patience. To some people this will take only 2 minutes and they are the luckiest, but believe me these are very few. To a great many of us it will take a *loooot* of time to find the right place. This job that makes you wake up without the alarm clock and makes end your journal without you noticing it.

>http://www.nippon.com/es/currents/d10003/
>**Why strikes in Japan are almost nonexistent?**
>Several reasons can be considered. One could be that, more than the collective negotiation formula, marked with antagonism, it's been institutionalized and adopted the model named *rōshi kyōgi* (dialogue between employers and employees), in which both parties, companies and unions, channel their efforts to sharing information in order to favor mutual understanding and, reaching agreements. It's been observed that in companies where the *rōshi kyōgi* is intensely used, the dialogue includes broader topics: besides the monetary issue, they also talk about subjects like the company's managerial trends, personnel assignment, personnel training, facilities and systems for the wellbeing of employees, etcetera. On the other hand, the company makes an effort to provide the most of information possible. Through this system, pointed to goals like company's productivity improvement, top executives and unions avoid any frontal disagreement, over common understanding that a relation between owners and workforce has to be based on conciliation and

stability. Within this context, it happens that those unions dealing exclusively with a Company, which are the most common in Japan, their members are having a higher level of education, and that the members' leaders tend to own a school and work background very similar to the entrepreneur class, which makes easier a mutual understanding between the union and the management. Anyhow, it's thanks to this long term good relationship among the union and the management, based on the existence of unions per company, (becoming a factor) that inhibits unions to talk of such a radical measure like a strike.

In my opinion, many are the people that choose, without noticing, to stop looking for the ideal job and remain in one that is comfortable and good enough for them. This is all right, too. But what shouldn't ever happen is to see some people terrible bored with their jobs. This is even worse considering a 24 hour day where you deduce 8 hours to sleep, and you are left with 16 hours, from which you spend an average of 9 dedicated to your job. This represents over 60% of your day!!!! It gets more suffering if you consider the few extra things you can do with the rest of your day, like shower and dress, get meals and, run some errands. Thank God we still have Sundays.

Now then, what about those people reluctant to work at all?... Basically these people haven't interrupted adolescence, they are stuck. They haven't decided to look for their destiny. Many of them unfortunately, end up in bad deals, wrong decisions... This, by the way, reminds me when I was fired from a job. Yes, I was sadly fired. I had finally got to work for a good company. The work was very interesting, and let's say, it was well paid. Rules were clear from the beginning and had to be obeyed. I was going through an uncertain moment in my life, had difficulties to arrive on time and also to spend extra hours at the office... bad...bad...very bad. Much to their sorrow and mine, eventually they had to let me go... it shouldn't have happened, it shouldn't happen to me, but it was my fault.

What do we need?

- Willpower, willpower, willpower

17. Society

The GREEK were one of the greatest civilizations of the world because among other things they lived in harmony, had a class division, and encouraged the bloom of a culture, of the arts and of sculptural physical beauty. They had cities very well planned and drawn in such a way that when population was of more than 5000 people, then they established a new city. Besides, they were great wise men and science men, and they created an authentic architecture. We already own some of these things. I say, why don't we copy the good of the Greeks and other people? Imagine, we could copy-adopt-adapt:

- The nationalism of the Japanese
- The hardworking of the Korean
- The industrious of the German
- The well integrated people of the Scandinavian
- The merchant of the American
- The good seller of the Chinese
- The united-people-we-come-first of the French
- The well getting along of the Canadian
- The civilized of the British
- Then we will have:
  The happy-'muegano' people-advanced-society of the Mexicans!

What is our goal as a society? ...What is development for us in this country? ... I'd say that what we want is peace (no war), lead a quiet and relaxed life, have a job we like, own a roof to habit; have meals and dress to our wish, assuming our budget, have social security with the right to retirement, behave freely (not the burden of a bag on our shoulders), and learn according to our desire of self-improvement. Just like this and same order. But I assume this is what most "pueblos" in the world want, let's say this is the basic and fundamental. The moment we obtain this for every one of us, this will then make us a First World society... Is this possible??? Absolutely! This is why I'm writing you. This is why I've been explaining our real position and I've been telling how to reach being a first world society.

What do we need?

- Collective willpower!

18. Future

Today is June 25th, it's 5:45 in the morning, and Pedro Vazquez wakes up. Pedro is 39 years old; he's an autoworker at a "Tochtli" car plant where he has been for the past 13 years. He's married and has two kids. He's getting ready to take a stroll with the dog. He puts on a robe brand "Cardon", gets the dog (a Cocker spaniel) and leaves his apartment, located on the 6th floor of Parque Topilejo... He takes the elevator brand "Xotla", and once downstairs his dog keeps moving its tail happily. Both walk outside of the building towards the Parque's gardens. Parque Topilejo is a five-building complex. The whole place is located on a seven thousand square meters surface. Every building is seven floors high and every level has four apartments of 100m^2 each. The parking is on ground level. Every owner can park two cars with the use of a car crane, but they certainly don't need it anymore, since they practically use the car only during the weekend, and not always really. Well, nowadays things work this way in every large city. Both, Pedro and his wife, work. Pedro's working days now are from Monday to Thursday. He daily gets at the plant at 7 a.m., but leaves at a different time: Monday at 5 p.m., Tuesday at 6 p.m., Wednesday at 7 p.m. and Thursday at 8 p.m. Every now and then, and for a period of time, the work at the plant gets hasty and Pedro's schedule changes, but he doesn't mind. He likes changes and knowing that during normal seasons he can count on long weekends to enjoy with his family and have time for himself. Besides, the benefits the company offers him include already a four week vacation period (which he can take at his wish as long as they fit with those of his co-workers), performance prize, punctuality prize and other. Up to now at the Tochtli plant, he has been promoted twice. It's thanks to his last promotion, as a matter of fact, that he's now part of a working team in charge of the latest model, called Pantera, which is a mini compact (as all of the cars produced at the plant are), but this is a sport car, very comfortable and semi-luxurious, yet the best plus this one offers is the high performance-low gasoline expense. Tochtli's management is deeply involved, alongside Politecnico and UNAM, in the development of a hybrid gasoline-electrical car. Their expectations are to launch it to the market within two or three years. Pedro is happy about it. While he's walking the dog, he says hello to some early birds he comes across also with their pets walking along or doing some stretching.

"Where shall we go on vacation? –He asked himself-. Mmm, it might be good Puerto Vallarta, we haven't been but heard is very beautiful"...

At the sound of the alarm clock at 6 a.m. Marta also gets up and some minutes later she's about to wake up her children because in fifty minutes they will have to be leaving for school; beforehand, she has set the table and served breakfast, then she approaches the boys, wakes them up and places their clothes next to their beds. In that moment Pedro gets in, says good morning and walks to the bath to take a shower. Soon after, he gets out of the bathroom already dressed. In the meantime his children are getting dressed and Marta is doing the same. Some minutes later all the family is having breakfast.

–"Pass the marmalade dad? –asked Pablo, the youngest of his children

–"Of course, son. Tell me, how the swimming classes are going"

—"Ok. I like it. Not swim by myself yet"

—"Never mind" —and turning to stare at the other side of the table he said: "you have a drums class today, right Sergio?" —asked Pedro to his nine year old son

—"Yeah, at three, and when are we going on vacation?" —he asked

—"See, I was just wondering about it. How about us going to Puerto Vallarta, Marta?"

—"Mmm, sounds good!... Oh! Don't forget next week you clean the house and I walk the dog. But about going on vacation…" —said Marta thrilled

—"Is the sea?" —interrupted Pablo

—"Yes. But remember we'll go if you do well at school, ok? —confirms Pedro

—"I think it's *gonna* be all right. By the way, did I tell you Pablo has got great marks in Mathematics and Computing? Language classes have been a bit complicated, somehow he understands French better than English. Instead, Sergio is doing great there. Anyway, hey, have you seen the time? —Said Marta hurrying- please boys hurry up and go to wash your teeth, we're catching the school bus. You have ten minutes left. "

Pedro makes a last stop to his bathroom, says good bye to his family and leaves towards the Plant. Once at the bus stand at the corner of the street, he waits for his pasebus. Pasebuses are manufactured by "Mistli" and run on a strict schedule. You can see it in a sign stuck to a stand post. These pasebuses are very reliable and safe. Their drivers are always respectful and courteous. Of course, nowadays they have good salaries, benefits and prizes. This transport system is half government owned and half private property which also includes the Metro (subway). To make use of the public transport, one can buy either a daily, weekly or monthly (gets cheaper) pass. The ticket cost will depend on the number of areas one is traveling through and, the best of all is that you can use it as many times as you want. To tell you the truth the transport is no longer cheap but the service is great, always clean, most of the times it will take you less time than driving to reach your destination, and there's even a bit of luxury there. For all these reasons, and the fact that owning a car is quite expensive, most people use public transport. It's simply more convenient.

"Ah, here comes my pasebus". Pedro gets into the bus, shows his pass and takes a seat. His mind wanders for some minutes. Then he notices it's time to get off and he does it, he walks some meters away and gets to a Metro station absolutely clean where you can see some street vendors, particularly well located, in harmony with the surroundings. He enters to the station, walks to the platform and there, he notices, is his boss Adrian Campos.

"Adrian, good morning"- says Pedro, shaking hands with his boss.

"Good morning Pedro. See, I was just thinking about you. Tell me, are you taking your vacation by the end of July?

"Good morning Adrian. That's right. I'm calling the travel agency to book for Puerto Vallarta… Hey, did you watch the basketball game last night? It was terrific, right? …

19. Modelo pueblo

INDUSTRIES TO DEVELOP

STRATEGIC INDUSTRIES: PRO-ECOLOGY WITH *STATE-OF THE- ART DESIGNS* (THE KEY IS TO DEVELOP ONE BRAND-ONE MODEL OF ALL THOSE PRODUCTS WE INTENSELY USE ON A DAILY BASIS AND WHERE WE HAVE STRATEGICALY A COMPETITIVE ADVANTAGE.):

1. Tourism, foreign and domestic –food-beverages-chocolate-candies-entertainment-beauty (haircuts, hair dress, facials, massages) art crafts-clothes-shoes-cosmetics – Hotel industry and other.
2. Derivatives of oil- all type items and pieces of plastic.
3. Jewelry with precious stones and silver.
4. Furniture, paper and wood derivatives.
5. Electrical appliances.
6. Public transport, hybrid; one car make only; maritime transport.
7. Rural industry, and frozen and conserves.
8. Construction industry and, interior design.
9. Rural machinery like mini tractors, etcetera.

10. Lightweight tools.
11. Soaps, detergents, deodorants, aromatizers, toothpaste, etcetera.
12. Rural soil free of pesticides and pollution.
13. Fishing industry.
14. Recycling industry (machinery, equipment, appliances, furniture, technology).
15. Passenger buses "pesera" type, minibus.
16. Surveillance cameras for interior and exterior.
17. Other.

These industries protected with subsidies if necessary since strategic. They will only remain if competitive, pro-ecology and Avant garde design.

Appendix

A donation of 70% on royalties for every book sold is going to a *"Fundación para la Educación"* and will be managed by the Jesuit religious order (Basis on Book two).

My reason and my inspiration are the boy at the supermarket's parking who with a smile offers to wash my car, the blind man selling candies at the corner of the street, the drug addict boy cleaning windshields at the stop light, the teenager girl that is homeless, the peasant woman that comes to the city with her man and children to end up as beggars; the woman that knocks at my door asking to work as a maid or at least give her something; the young man that walking along with his wife and small children at 9 p.m. asks me to give him the chance to wash my car, Also, the young boys that I've seen on Reforma avenue begging for some money; my cousin's friend that just hasn't find a permanent job for the last three years; the man that comes to do some gardening to my small garden, he's alcoholic, he lives only with his dog and the dog's puppy, his house is a poky little room he rents; mi dear assistant, who is a good man, he's in recovery, and lives day by day doing all sorts of work, but even then, he sometimes doesn't make enough money... Oh!, my secondary school friend who used to live near my home in a shanty house and being only 13 years old she already inhaled thinner...

Imagine a country where corruption is not a topic, where we all know where our taxes are destined, where there is a simple government of a few politicians and we have a bureaucracy obliged to serve all citizens with respect; where the justice power does better justice. Imagine a clean Mexico, ecologic, with a moderate industry level but sufficiently autonomous and authentic. Finally, imagine your neighborhood, with decency, with good sidewalks to stroll about nicely, with good paved streets and services, good transport and worthy. That if you live in the countryside there is a complete structure to back you up in your daily performance... And then, take a look at your home, it is yours, or is about-in-some-time to be yours, and your children have access to a good education, and every one at home has access to sufficient and healthy food and also to medical services, and then, then imagine all the things we can achieve from now on.

I recognize that I'm not telling you all the things I would like, but otherwise this book will need to be part of *a Thousand and one nights*. I'm aware these are only ideas but they happen to be my dreams and they have been so from the time I was an adolescent. I don't have anything else to tell you, because I mustn't tell you anything else... Here we are just you and me. You are part of these beautiful surroundings and I am only... PUEBLO!!!

Flor del Campo

Modelo pueblo

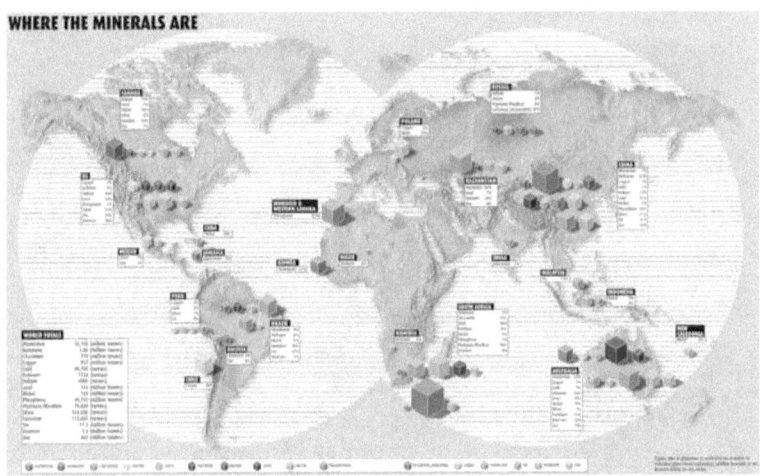

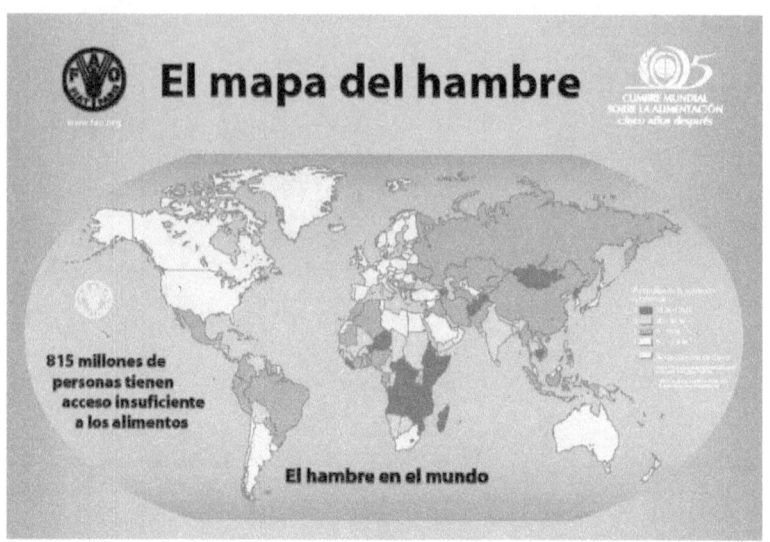

Projected Global Water Scarcity, 2025

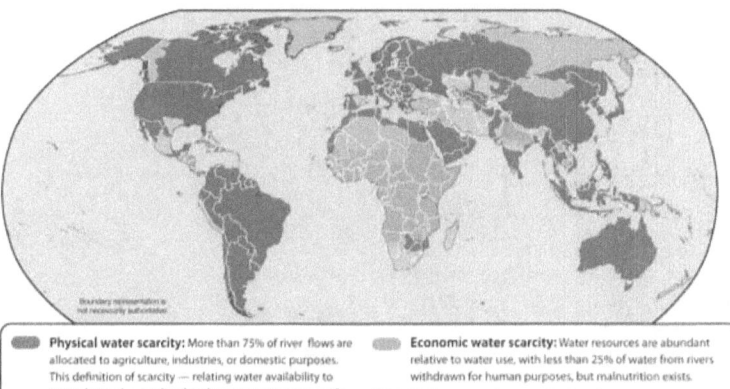

- **Physical water scarcity:** More than 75% of river flows are allocated to agriculture, industries, or domestic purposes. This definition of scarcity — relating water availability to water demand — implies that dry areas are not necessarily water-scarce.
- **Approaching physical water scarcity:** More than 60% of river flows are allocated. These basins will experience physical water scarcity in the near future.
- **Economic water scarcity:** Water resources are abundant relative to water use, with less than 25% of water from rivers withdrawn for human purposes, but malnutrition exists.
- **Little or no water scarcity:** Abundant water resources relative to use. Less than 25% of water from rivers is withdrawn for human purposes.
- **Not estimated**

Source: International Water Management Institute.

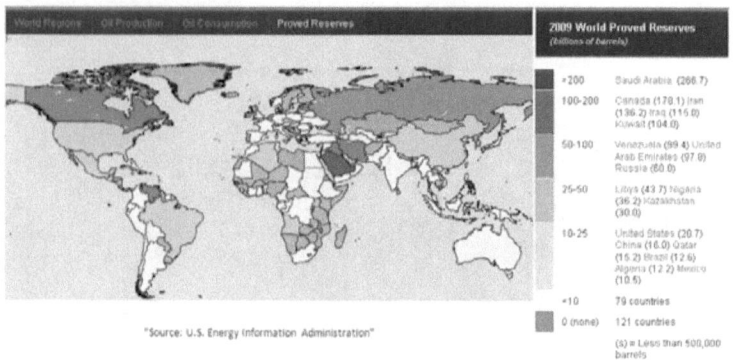

Modelo pueblo

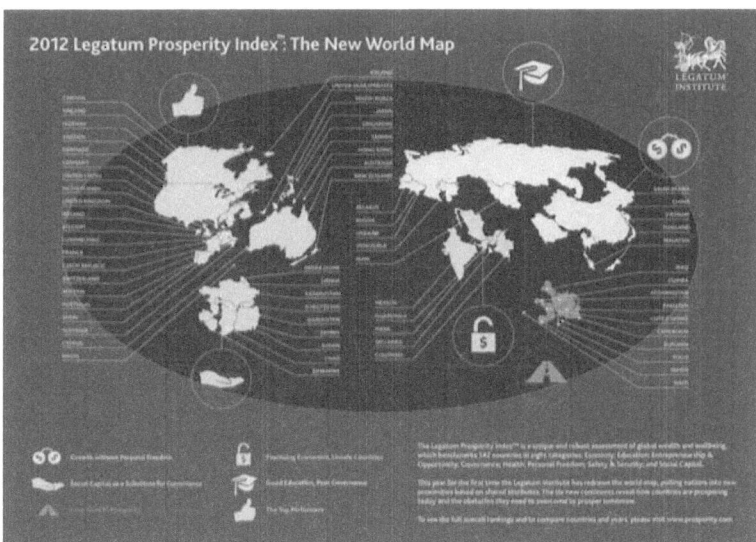

ÍNDICE

Acerca del contenido	7
Prólogo	9
1. Familia	15
2. Religión	19
3. Mujer	21
4. Hombre	27
5. Niño	31
6. Adolescente	35
7. Anciano	39
8. Indios de origen-nativos originales-indios mexicanos	41
9. Justicia	45
10. Política	53

11. Los Estados Unidos 71

12. Resto del mundo 95

13. Economía 109

14. Dinero 117

15. Educación 127

16. Trabajo 133

17. Sociedad 137

18. Futuro 139

19. Modelo pueblo 143

Apéndice 145

About the index 155

Prologue 157

1. Family 163

2. Religion 165

3. Woman 167

4. Man 173

5. Child 177

6. Teenager 181

7. The elder 185

8. Indios by origin-native indios-mexican indios 187

9. Justice 191

10. Politics 197

11. United States of America 215

12. Rest of the world 237

13. Economy 249

14. Money 257

15. Education 269

16. Work 275

17. Society 279

18. Future 281

19. Modelo pueblo 285

Appendix 287

Editorial LibrosEnRed

LibrosEnRed es la Editorial Digital más completa en idioma español. Desde junio de 2000 trabajamos en la edición y venta de libros digitales e impresos bajo demanda.

Nuestra misión es facilitar a todos los autores la edición de sus obras y ofrecer a los lectores acceso rápido y económico a libros de todo tipo.

Editamos novelas, cuentos, poesías, tesis, investigaciones, manuales, monografías y toda variedad de contenidos. Brindamos la posibilidad de comercializar las obras desde Internet para millones de potenciales lectores. De este modo, intentamos fortalecer la difusión de los autores que escriben en español.

Ingrese a www.librosenred.com y conozca nuestro catálogo, compuesto por cientos de títulos clásicos y de autores contemporáneos.

www.ingramcontent.com/pod-product-compliance
Lightning Source LLC
Chambersburg PA
CBHW020351170426
43200CB00005B/128